미타쿠예 오야신

우리는 다 같은 형제

마른 풀에 좋으시게

〈5부자 라이브 인 USA〉의 강인철 에세이 제3집

미타쿠예
오야신

우리는 다 같은 형제

강인철 수필집

예솔

| 책머리에 |

늦깎이 글공부 십여 년, 손으로 쓴 글, 발로 쓴 글, 머리로 쓴 글 등 요즘은 선생님이 마음으로 써보라는데 그게 잘 안 된다고 하니 무소의 뿔처럼 천착하라신다.

삶도 여행과 비슷할 것이라는 생각에 나름 지구촌 나그네가 되어 국내외 어디서든 되도록 걷고, 걷는 내내 절로 생각나는 것과 생각해야 하는 것들을 부지런히 챙겨보았다.

되짚어 본 느낌들을 봄, 여름, 가을, 겨울 사계(季)로 나누고 '캐나다 살아보기' '내 생애 최고의 날'로 묶었다. 더러는 「에세이21」과 「創作隨筆」 혹은 「에세이문학」에 실린 것도 있다.

가야 오는 것이고 간 것이 온 것인 게 어찌 사계절뿐일까마는, 이르기를 겨울이 가는 게 아니라 봄이 오는 것이라고 한다면 미욱한 우리 인생도 그랬으면 좋겠다.

그새 무얼 그리 허둥댔을까. 그동안 미처 알아차리지 못한 일들을 생각하면 미안쩍음이 앞선다. 그래서일까 앞으로는 무엇이든 서두르지 않으려 다짐해 본다.

늘 '희망이 청춘'이라며 부추기고 있는 가족 친지들의 응원과 졸고를 멋스럽게 다듬어준 예솔 편집실이 너무나 고맙다. 범사에 감사하라는 말이 새삼 새로운 새봄이다.

2020년 봄

時溫 姜仁熹

| 축詩 |

이민 반세기, 어찌 잊으랴 그리운 내 조국
그 뿌리 잊지 말자고 오매불망 情들인
밴쿠버 우리 한국전통문화예술원

힘겹고 버겁던 차, 혜성처럼 다가선
재능기부 천사 時溫 선생님
후세 위한 나라사랑 놀라워라 그 정성

원주민 인사말 '미타쿠예 오야신'
모두가 한 형제, 宇宙도 한 고리라네
한민족 다민족 더불어 나눌 사랑과 우정

캐나다 살아보기, 내일을 다지며
꾹꾹 눌러 쓴 속 깊은 동포애
에세이 出版 원더풀! 그 熱情에 파이팅!

경자년 새해 새봄
밴쿠버(버나비) 한국전통문화예술원
원장 박재천(Simone PARK)

미타쿠예 오야신

오다 가다 스치면
서로 먼저 마음 여는
인디오 인사말

나무 새 풀 개미 사람
온 누리 모두가
한 고리 한 형제

맑고 향기롭게
보듬고 나누면
행복 가득 이 세상

- 로키 마운틴 재스퍼
  인디오 촌장 이야기

| 차례 |

책머리에   4
축詩   6

| 봄 |

연하장   17
고도   21
가깝고도 먼 나라   25
말, 말, 말   29
도시와 나무   33
여행 소고(小考)   37
포인트 적립   42

| 여름 |

어버이날	49
장락산 고사리	53
사과 궤짝	57
박수, 앙코르, 추임새	61
나무야 나무야	65
봉쥬르 파리	70
당케 쉔, 베를린	75

| 가을 |

백사실 산책	83
Alpinist	87
빛과 그림자	91
명승 제41호	95
풍류	99
루레이 동굴	103
편지	108
Maple Road	112

| 겨울 |

초딩 동창회　　　　　　119
병치레　　　　　　　　124
신부님 영전에　　　　　129
가치의 차이　　　　　　133
세대 차이　　　　　　　137
적도의 땅　　　　　　　141
별난 공연　　　　　　　146

캐나다 살아보기

캐나다 살아보기	153
버나비 중앙공원	158
하우스, 콘도, 아파트	162
밴쿠버와 빅토리아	167
사람이 산다는 것	172
First Nation	176
양심 그리고 운전	181
일요일의 행복	186
아메니다 사람들	191

| 내 생애 최고의 날 |

우리 것은 좋은 것이여   201
캐나다 데이   205
타산지석(他山之石)   210
골프가 뭐길래   214
비전 퀘스트   218
밥과 술   222
영주권과 시민권   226
미타쿠예 오야신   230
내 생애 최고의 날   234

길동무. 연하장. 우표.

봄

연하장
고도
가깝고도 먼 나라
말, 말, 말
도시와 나무
여행 소고(小考)
포인트 적립

연하장

　같은 하루라도 새해 첫날은 다르다. 예전에도 그랬었나 보다. 밤이 제일 긴 동짓날을 택해 팥죽 쑤어 작은 설을 쇠고 입춘절에도 새해 타령이다가 드디어 구정이 되면 떡국잔치로 차례를 지내며 큰 설을 기렸다. 그것도 모자라서일까, 요즘은 신정까지 더하여 네 번의 설 기분을 내고서야 새해맞이가 겨우 끝이 난다.
　올해도 어김없이 신정은 물론 구정에 이르기까지 무시로 연하장이 날아들었다. 우편물 가운데에는 세계 각국에서 배달된 각양각색의 신년덕담 카드들이 다양도 하다. 외국에서 오는 카드에 비하면 우리나라 것이 크고 호화로운 편이다.

 멀리 지구 반대편에서 한 달이 넘도록 달려온 눈의 나라 산타클로스 소식이 있는가 하면 적도에서 보내온 한여름의 야자수 밑 비키니 차림 카드도 있어 너무나 대조적인 게 웃음을 자아내게 한다. 오대양 육대주의 지구촌 길동무들과 지난날의 갖가지 여행담을 되새겨 보는 재미로 1월 한 달은 후딱 지나간다.

 그런 가운데 해마다 갖는 우리 집만의 연하장 콘테스트에서 금년도 1위는 밴쿠버 손주의 손 그림 카드이고 2위는 은퇴 후 사진에 푹 빠져 세월 가는 줄 모르고 산다는 친구가 제 사진작품을 얹어 만든 연하장이다. 사진 설명에 배경과 생태문화 해설까지 덧붙이고 있어 볼수록 놀랍기만 하다.
 철원으로 출사(寫) 나가 사흘 만에 한 컷 건졌다고 무용담까지 곁들인 연하장 사진의 주인공은 두루미였다. 키가 시원스레 훤칠한 두루미의 몸통은 백설처럼 새하얀데 머리 정수리는 붉고, 긴 목과 꼬리, 다리는 까맣다. 눈밭에서 날개를 활짝 펼치고 제짝과 사랑 춤을 추고 있는 환상적인 애정의 순간을 어찌 사진 한 컷으로 잡아냈는지 볼수록 기가 막혀, 사진예술이란 말을 실감케 한다. 친구의 땀과 열정까지 함께 전해지면서 마치 국전 대작을 보는 듯 기뻤다.

일반상식의 두루미는 시베리아와 몽골지역에서 살다가 우리나라와 일본 등지를 오가는 철새로 지금은 전 세계에 3천여 마리밖에 남지 않아 천연기념물로 지정된 멸종위기종이라는 것 정도다. 그리고 보니 'DMZ의 4계(季)'라는 TV 다큐멘터리에서 겨울을 나는 두루미를 재미있게 보았던 기억이 새롭다. 눈 내린 철원평야 빈 들에서 긴 다리로 경중경중 걸으며 논바닥에 떨어진 볍씨를 찾기도 하고 물웅덩이에서 미꾸라지를 잡아먹기도 했었다. 그런데 이상하게도 그 두루미들은 짚이나 풀잎을 모아 땅 위에 둥지를 만들어 살고 있었다. 그렇다면 나무 위에서 노닐던 하얀 새들은 두루미가 아니었단 말인가?

너무 궁금하여 답례 겸 친구에게 전화를 걸었더니 오히려 고맙다며 헷갈리지 말라는 당부와 함께 자세히 일러준다. 언뜻 보기에 비슷하지만 온몸이 새하얀 백로는 모내기 철 논에 날아드는 여름철새이고 겉모양은 닮았으나 나뭇가지에 얼기설기 둥지를 틀고 주로 나무 위에서 사는 건 황새라고 한다. 철원의 빈들로 날아드는 겨울철새는 두루미로서 재두루미와 흑두루미도 있다고 알려주며 그간의 무지를 일깨워 주었다. 그러니까 두루미와 백로와 황새는 보기에 엇비슷하여도 서로 다른 새(鳥)였던 것이다.

따라서 두루미는 예부터 장수와 행복 그리고 부부애를 상징함으로써 그 격이 꽤나 높아 십장생의 하나로 꼽았으며, 신선이 타고 다니는 새라 하여 선학(仙鶴)이라 부르기도 했고 조선 시대 궁중에서는 어전에 드는 문무대신의 관복에 두 마리 학을 새긴 쌍학흉배를 허리에 두르도록 하였으니 가히 그 기상을 짐작하고도 남을 만한 대목이 아니겠느냐는 이야기다.

그런 두루미가 현행 화폐 500원짜리 동전에도 두 날개를 활짝 편 채 떡하니 올라 있으니 오늘날에도 상징적 품격엔 변함이 없을 거라며 자부와 긍지가 여간 아니다. 예부터 주는 자에게 복(福)이 있다 하였으니 열 배 백 배 더 큰 홍복을 누리게나. 그대, 친구여!

고도

　우리 동네에 '제2의 대학로'가 생긴 건 지하철 홍대입구역 주변으로 젊은 예술인들이 모여들기 시작하면서부터이다. 최근엔 경의중앙선가로공원에 책거리 독서마당까지 멋지게 들어섰다. 조용하던 골목이 OO학원, 음악실, 북카페, 커피숍, 독서실, 맛집 등으로 바뀌면서 걷고 싶은 거리를 중심으로 평생학습관을 비롯한 난타전용극장, 무명음악인들의 언더그라운드 무대, 창작미술공간과 크고 작은 소극장도 여럿 생겼다.
　오랜 전통의 산울림소극장 덕분에 박정자, 손숙, 윤석화 등 예인들과 차를 마시며 사람 사는 얘기를 나눠본 기억은 남다른 추억 중 하나다. 그런데 연극을 보고 또 보아도 알쏭달쏭한 작품이 하나 있어 늘 그 생각에 젖으면 답답하면서도 대사 몇 마디에 매달리곤 한다. 그렇게 밋밋하고 지루하고 갑갑했음에도 세 번째 공연을 또 보러 갔으니 나도 나다.

'Waiting for Godot(고도를 기다리며)'가 그랬다. 도대체 고도가 누구인지 이번엔 꼭 알고 싶었다. 전(前)과 다름없이 그날도 무대는 텅 빈 채 멋없는 나무 한 그루가 서 있을 뿐이다. 그리고 시골길에서 만난 주인공 블라디미르와 에스트라공이 무언가를 기다리며 중얼거리고 있다. 고도를 기다리며 이어지는 둘의 대화 사이에는 이따금 긴 침묵이 흐르기도 한다. 그렇게 하루가 끝나갈 무렵 한 소년이 다가와 '오늘 고도는 오지 않는다. 하지만 내일은 꼭 올 것'이라고 일러준다. 집으로 돌아갈 시간이 되었음에도 자리를 뜨지 못하는 두 주인공을 무대에 남겨둔 채 1부가 끝난다.

말을 잊은 관객들이 잠깐의 휴식시간을 가진 후 2부 무대에 다시 조명이 켜졌지만 1부와 마찬가지로 뭐 하나 바뀐 게 없다. '아직도 우리는 고도를 기다리고 있는 거야' 라든가 '이런 상황에선 시간이 꽤 길다는 거 너 알아?' 하면서 주인공들은 여전히 넋두리를 이어간다. 그에 대하여 작가도 조금은 미안해서였을까? 은근슬쩍 상당히 오랜 시간이 흘렀음을 대사를 통해 암시한다. 해가 질 무렵 다시 소년이 등장해 '오늘도 고도는 오지 않는다. 하지만 내일은 반드시 올 것이다' 라는 전갈을 남기고 사라진다. 주인공 두 사람이 그 자리를 뜨지 못하고 뻘쭘한 채 연극은 그렇게 또 끝이 난다.

도대체 그들이 그토록 간절하게 기다리고 있는 고도는 누구일까? 아니 무엇일까? 'Godot' 라는 제목 때문에 얼핏 'God' 이라는 메시아가 아닐까 추측도 해 보지만 작가는 작품에서 "신(神)을 찾지 말라. 고도가 누구이며 무엇을 의미하는지 알았더라면 내가 이미 작품에서 밝혔을 것"이라고 대꾸한다.

그렇다면 오히려 작가가 관객에게 당신의 고도는 누구냐며 되묻고 있는 건 아닐까? 취준생에게는 합격이, 환자에게는 건강이, 상인에게는 손님이 '고도' 란 말일까? 연극이 끝나갈 무렵 주인공은 '이미 우리의 이성은 영원한 어둠 속을 방황하고 있는 거야' 라든가 '너 내 말 알아듣겠니?' 했던 대화를 상기해 보면 당신의 삶엔 기다림이 없었느냐고 화두를 던진 것만 같다. '바쁘다 바빠' 를 입에 달고 사는 현대인들이지만 좋든 싫든 저마다 기다림으로 몸부림쳐본 일이 있음 직하기 때문이다. 내일의 희망을 끝내 버리지 못하고 기다리는 두 주인공의 인내와 끈기에서 조심스레 작가의 혜안을 짐작해 본다.

몇 년 전 첫 공연을 보았을 땐 '가자' '안 돼' '왜?' '고도를 기다려야지' '참 그렇지' 같은 대사가 너무나 싱겁고 답답한 나머지 '이런 작품에 웬 노벨 문학상?' 하며 도무지 이해할 수 없었고 의아하기까지 했었다. 그런데 이제는 각자가 바라는 고도가 비록 오늘은 오지 않는다 하여도 내일은 꼭 올 것이라는 믿음에 마음이 끌린다. 사람들은 고단할수록 그것을 조금이나마 잊게 해줄 무언가를 기다리며 삶을 이어가고 있나 보다.

이 작품은 전쟁 중 피난길에서 쓰였으므로 작가에게 고도는 종전(終戰)이었을지도 모른다. 그래서일까 마침내 2차대전이 끝나고 베케트는 이 희곡 한 편으로 세계적인 작가가 되었고 지금도 작품이 50여 개국에서 공연되고 있다. 아일랜드 출신 프랑스 작가 사무엘 베케트(Samuel Beckett)에게 노벨 문학상이 왜 주어졌는지 이제는 조금 알 것 같다. 불확실한 시대에 한 줄기 빛으로 희망을 안겨준 작품임을 되새겨 본다. 우리들의 기다림이란 아픔일까 기쁨일까 아니면 운명일까? 세 번을 보고 나오며 겨우 한마디 해본다. "인간의 삶은 포기할 수 없는 기다림인가?"

가깝고도 먼 나라

　기내에서 커피 한 잔, 간사이공항은 그렇게 가까이 있었다. 그런데 그런 일본을 우리는 '가깝고도 먼 나라'로 자주 표현하고 있다. 결코 멀지 않은 이웃이건만 무엇이 그리도 먼 나라로 각인시키고 있을까? 얄궂은 운명 같기도 한 양국의 입장과 역사가 궁금하다며 꼭 한번 직접 가보고 싶어 한 아내를 위하여 함께 나섰다. 이러구러 그런 말이 오간 지 1년 만의 새해 선물이다.
　오사카 지방은 익히 알려진 곳이어서 그런지 아내도 그리 낯설어하지 않았다. 나라(奈良)의 상징이라는 도다이지(東大寺)는 대

불이 유명한 곳으로 높이 16.2m의 청동 비로자나 불상은 아무리 봐도 신라불교여래상을 그대로 닮아 있었다. "왜 우리 부처님이 여기 와있지?" 하며 고개를 갸우뚱한 아내에게 "글쎄…" 하고 얼 버무렸던 걸 생각하면 지금도 미안함이 남아있다.

많은 것들이 우리와 별반 다를 게 없는 것 같다고 지적한 아내의 말처럼 우리와 이들이 동일 문화권이었음은 어쩔 수 없는 운명이 아닌가 싶다. 이들의 말대로 아스카 문화를 전수하고 꽃피운 주인공이 도래인(渡來人)이었다면 그들은 어디서 도래한 누구일까. 그게 신라와 백제라는 설이 그냥 설로써 끝나지 않고 있음은 역사의 엄혹함이 아니던가?

교토의 기요미스데라(淸水寺)는 특이하게도 경사면에 15m의 거대한 나무 기둥 139개를 세우고 그 위에 본전을 앉혔으니 묘한 건축기법이 여행자들의 발길을 붙들고 있다. 경내를 돌아보던 중 많은 사람들이 줄 서 있는 곳에 닿았다. 그곳은 돌난간에서 물이 세 갈래로 떨어지고 있으며 각각 지혜, 사랑, 장수를 의미한다는데, 그중 하나만 마셔야 효험이 있지 욕심껏 다 마시면 오히려 바보가 된다고 안내판에 쓰여 있다. 인간의 무한한 욕심을 경계하려는 계시가 아니었나 싶다. 아내는 사랑 줄에 나는 지혜 줄에 섰으나 결국은 사랑 줄로 끌려가고 말았다.

금강산도 식후경이라던가. 일본 음식이 도대체 슴슴하여 먹으나 마나 하다는 아내의 성화에 오사카로 돌아와 조선마켓을 찾았다. 그곳은 일본이 아니라 서울의 남대문시장을 쏙 빼닮아 있었다. 육개장, 빈대떡, 순대, 족발, 잔치국수, 총각김치, 냉면, 소주, 막걸리까지 한글 간판에 속 시원한 우리말 세상의 그곳은 누가 무어라 해도 그냥 우리끼리 사는 우리 동네 같았다. 그곳이 감히 왜란의 진원지였다는 게 믿기지 않았다.

1582년 일본열도의 패권을 잡은 도요토미는 오사카성을 축성하면서 금박 기와를 입히고 호화롭기 짝이 없는 금장식으로 천수각을 지었으며 임진년엔 난(亂)을 일으켜 우리 역사에 가장 치욕스러운 오점을 안겼다. 하지만 성(城)은 소실과 재건을 반복하다가 결국은 철근·시멘트로 복원한 박물관이 되어 지금은 관광객으로부터 입장료를 받고 있다. 성 밖 해자의 물결이 주변 빌딩숲 그늘을 가득 머금은 채 제행무상(諸行無常)을 전하고 있다.

하루해가 설핏한 시가지는 서울서 온 K-pop(케이팝)의 열기가 온통 거리를 메우고 있었다. 4만 5천 석을 자랑하는 교세라 돔 공연장이 K-pop 스타를 보러 온 일본 젊은이들로 차고 넘친 오늘의 현실을 누가 감히 예측이나 했을까.

한국의 대중문화가 국경을 넘어 세계로 뻗치고 있는 Korean Wave야말로 명실상부한 우리의 문화 아이콘이 된 지 오래이며 K-pop 열풍 또한 문화가 국경을 넘는 글로벌리즘의 한 단면이 아니고 무엇이랴.

서울에서 TV나 매스컴을 통해 익히 보아온 아이돌의 모습이지만 이런 쾌거야말로 현지에서 현장의 환호 소리와 함께 직접 온몸으로 느껴보지 않고는 도저히 실감하기 어려운 일이다. 가슴을 때리는 저들의 함성으로 인한 심장의 전율이 결코 꿈이 아닌 현실이기에, 더욱 꿈만 같다.

더구나 그 수익금 일부를 아직도 복구 중인 후쿠시마 원전 쓰나미 참사 재건을 돕는 성금으로 보낸다니 예나 지금이나 한류의 이 같은 흐름이야말로 우리 역사의 소명이 아닌가 싶다가도, 독도가 자기네 땅 이라느니 위안부 할머니들의 피눈물을 아직도 모르쇠로 생떼잡이 하고 있는 걸 생각하면 용서하고 싶지 않은 '가깝고도 먼 나라'이다. 대한민국 K-pop의 함성이 오사카 하늘을 이토록 뜨겁고 장엄하게 뒤덮을 줄을 누가 감히 상상이나 했을까.

말, 말, 말

우리 집은 사돈댁이 여럿이다. 그중 전주(全州) 사돈을 뵙는 날은 말씀을 알아듣는 데 신경을 조금 더 써야 한다. 오랜만의 만남에 "그간 별고 없으셨는지요?" 하고 인사를 건네면 사돈께서 "아, 예 그럼요, 사부인께서도 거시기 허시지요?" 하며 반가이 손을 잡으신다. 이제는 많이 편해졌고 '거시기'도 웬만큼 알아듣게 돼 다행이지만 오래전 아이들 혼사를 치를 땐 말씀에 신경이 곤두서곤 했다.

그 사돈께서 첫 손자를 보러 상경하셨을 때, "허~ 그놈, 실팍

한 게 참 거시기허구먼" 하시는 게 아닌가. 점심을 드시고는 "그럼 이만 거시기혀야 쓰것구먼요" 하며 서둘러 발걸음을 재촉하셨다. 그때만 해도 순간순간의 해석이 잘 되지 않아 어르신이 떠나고 난 다음 어미에게 부탁해 말씀의 진의를 다시 전해 듣곤 했다.

한번은 며느리가 우스갯소리라며 구수한 사투리를 늘어놓고는 해석을 해보라는 게 아닌가. 도무지 알아들을 수 없어 엄두도 못 내고 있는 내게 "아버님 제 말씀이 조금 거식했으면 용서하세요" 해서 한바탕 웃음바다가 된 일이 있었다.

말이란 생각할수록 묘한 것이어서 하지 않은 말까지 다 알아들을 수 있는 말이 있는가 하면 여러 말을 길게 늘어놓아도 알아듣기 어려운 말도 있다. '거시기'란 말을 모르는 사람은 없을 것이다. 그러나 일반적으로 그 의미심장함을 다 아는 사람 또한 많지 않을 것 같다. 조금 모호한 말인 것 같기는 해도 마음에서 마음으로 통하는 '거시기'야말로 위대한 우리 '말' 임에는 틀림이 없다.

요즘은 스마트폰이나 SNS 등이 보편화되면서 문자 메시지가 판을 치고 있어 오순도순 대화하는 모습을 보기보다는 가히 손가락 문자 시대에 푹 빠져 사는 듯하다. 비록 어쩔 수 없는 시대의 흐름이라 하더라도 한문의 뜻이 잘못 전달되는 것은 물론, 우리 말조차 순간의 편리와 자기감정대로 자판을 눌러댐으로써 변질되고 망가지는 언어에 대한 난맥상은 어쩌란 말인지 우려스럽지 않을 수 없다.

졸업을 축하한다며 학생은 물론 학부모까지 '추카추카'라는 신종 문자가 홍수를 이루더니 "공부 좀 시험시험 해라"라는 말이 유행했을 땐 공부를 쉬엄쉬엄하라는 건지 시험공부 좀 제대로 하라는 역설인지 도무지 아리송해 잠시 바보가 된 적도 있었다. 현실이 이러한데도 무심히 지나친다면 우리 모두가 공범일 수밖에 없다. 이제 더 이상 우리 '말'의 품위가 손상되지 않기를 바라는 마음 간절하다.

학창 시절 부산 친구네 집에 놀러 갔다가 그의 어머니한테서 들은 얘기인데 아직도 또렷이 기억되는 한 대목이 있다. 이야기의 배경은 6·25동란 중 1·4후퇴 직후라고 했다. 부산으로 피란 온 함경도 아줌마가 자갈치시장에 들렀다가 이상하게 생긴 생선을 보고 궁금한 나머지 '이 물고기가 무슨 물고기냐?'라고 물어본다는 게 함경도 어투로 "이 고기가 무시기?"라고 했더니, 눈이 둥그레진 부산 아지매가 함경도 사투리 '무시기'란 말을 알아듣지 못하고 '무시기가 무슨 뜻이냐?'는 의미로 "무시기가 머꼬?"라며 되물었다고 한다. 함경도 아줌마 또한 '머꼬'를 알아들을 리 만무하여 한참을 머뭇거리다가 "머꼬가 무시기?"라 했고, 고개가 갸우뚱해진 부산 아지매 역시 답답한 표정으로 "무시기가 머꼬?" 하여 두 아주머니 사이에 "머꼬가 무시기?"와 "무시기가 머꼬?"의 끝이 없는 대화가 지금까지도 반복되고 있다는 우스갯소리였다.

꽤나 오래전 일이건만 친구 엄마가 생각나면 '머꼬'와 '무시기'의 일화가 먼저 떠오른다. 그런데 만약의 가정이지만 2018 평창동계올림픽을 계기로 물꼬가 트인 '남북대화'나 '북미협상'에서조차 팔천만 우리 겨레의 간절한 염원인 한반도 평화통일엔 거리가 먼 채 자기 입장에서 각자의 체면과 잇속에만 눈이 어두운 나머지 자갈치시장의 우스갯소리처럼 '핑퐁대화'로 흐른다면 이는 말로써, 말만 무성한 꼴(?)이 되고 말 게 뻔하므로 언감생심, 천부당만부당, 아니 될 '말'이다.

도시와 나무

　　서리풀(서초동) 법원단지 대로에 한 그루 노송이 있다. 풍채로 보아 수령이 꽤나 오래된 거목(木)이다. 십수 년 전 그 나무를 처음 보았을 땐 마치 천연기념물인 양 무척 반가웠었다. 그리고 세월이 흐르면서는 '참 신기하게 잘도 견디고 있네' 했다. 왜냐하면 온종일 자동차 매연 속에 갇혀 있으면서도 푸르름을 어찌 저토록 유지할 수 있을까 싶어서였고, 또 힘센 행정당국이 차량 흐름의 방해꾼으로 여겨 없애 버리지 않는 것이 신기하다는 생각이었다. 그리고 요즘은 '너는 어쩌다 혼잡한 대로 한가운데 외롭게 끼인 신세가 되어, 새(鳥)를 불러들이지도 못하면서 숨이나 제대로 쉬고 있나' 싶어 안쓰럽기까지 하다. 식물은 동물과 달리 자기 스스로 이동할 수 없는 존재라는 걸 생각하면 참 딱하다.

그 언덕배기를 넘고 잠수대교 건너 차가 용산 미군 부대 앞에 다다르면 교통 흐름이 걸음마를 한다. 미군 부대가 자리한 곳은 일제강점기에는 총독부 점령군의 병(兵)영이었고 그전에는 청나라가 그들의 편리대로 사용했던 일종의 조차지였다. 우리 땅이지만 우리 마음대로 쓸 수 없었던 세월이 참 많이도 흐른 역사의 현장이다.

눈길이 자꾸만 그곳으로 쏠리면서 저 넓은 군부대는 어떤 공간일까 궁금했다. 부대 안은 담장에 가려 잘 보이지 않았으나 담 안팎의 서로 다른 가로수가 극명하게 대조를 이루며 달라도 너무 달랐다. 담장 안쪽의 나무는 작은 숲을 연상케 하며 나무들도 굵고 잎이 무성하여 자연림(林) 같았으나 담장 밖 가로수는 윗동과 가지를 싹둑싹둑 잘라놓아 상대적으로 높지 않고 잎도 듬성듬성한 게 멋없이 어설퍼 보였다.

삼각지를 지나 서울역 방향으로 접어들었다. 빌딩숲에 둘러싸인 넓디넓은 도로는 주차장을 방불케 하고 있다. 나무 한 그루조차 인색한 시가지의 모습이 황량하기 그지없다. 눈도 코도 마음까지 답답해지면서 아까 보았던 군부대 안의 무성했던 나무들이 자꾸 눈앞에 어른거린다.

언젠가 서울시청 지하에서 서울시 전역의 지도를 본 적이 있다. 건물과 도로를 나타내는 '그레이필드'와 상업 공업 군용지인 '브라운필드' 그리고 공원 및 자연녹지 '그린필드'가 색깔별로 구분되어 있었다. 도시의 대부분이 브라운필드인 데 반해 그린필드는 찾아보기 힘들만큼 적었다. 그렇다면 용도가 다 됐거나 이전이 가능한 브라운필드를 그린필드로 전용해 나무를 심고 가꾼다면 좀 더 쾌적하고 시원한 서울을 기대할 수 있지 않을까 싶었지만, 문제가 그리 단순할 것 같지 않아 괜한 걱정거리(?)를 안고 돌아온 적이 있다. 왜냐하면 행정당국의 사고방식은 주택난 등을 이유로 브라운필드를 그린필드보다 그레이필드를 우선시하고 있지 않을까 하는 선입견 때문이다.

용산 미군 부대의 평택 이전 후 활용방안에 대해서조차 이러쿵저러쿵 왜(?) 그리 말도 많고 탈도 많은지… 아무튼 녹색 공원으로 복원돼 시민의 품으로 돌아와 주길 바라는 마음 간절할 뿐이다. 아까 보았던 그 나무들이라도 온전해야 미세먼지 걱정을 다소나마 덜 수 있을 것 같아서다. 나무 47그루는 디젤 차량 한

대가 1년간 배출하는 미세먼지를 없앨 수 있다는데, 나뭇잎 표면의 잔털과 기공은 물론 가지와 줄기까지도 미세먼지를 흡수하는 기능이 탁월하다고 한다. 녹지와 가로수가 도시 가꾸기의 패러다임으로 자리매김해야 할 때다.

간혹 삶이 고단할 땐, 길가 혹은 야외에 나가 나무를 한참 쳐다보고 있으면 뭔가 마음이 시나브로 가라앉는 느낌을 받곤 한다. 그저 나무를 바라만 보고 있었을 뿐인데도 그렇다. 그래서일까, 사람 사는 곳에 나무가 넉넉하면 그만큼 감기 환자도 적고 범죄와 자살률까지 줄어든다고 한다. 아마도 나무에는 우리들의 마음을 달래주는 묘한 약(藥)성이 있나 보다.

서울역이 코앞인데 차는 거북이걸음이다. 아무리 둘러봐도 팔랑대는 나뭇잎 하나 없어 목이 마르고 눈마저 시다. 오죽했으면 '사하라 사막만 사막이 아니라 도시 사막도 사막이다'라고 읊은 시인도 있었다. 빌딩과 함께 크고 작은 공간일망정 꽃과 나무들이 더불어 존재한다면 얼마나 좋을까? 도시 숲과 가로수는 지속 가능한 삶의 동반자이다. 기품 있고 당당하게 버텨온 서초동 그 노송의 모습도 오래도록 보고 싶다.

여행 소고(小考)

　학창 시절을 돌아보면 한때 무전(無錢)여행이 낭만인 적도 있었다. 오매불망 꿈에 그리던 울릉도 뱃길은 포항에서 13시간 반이나 걸렸고 상상 이상의 뱃멀미로 파김치가 되어 도동항에 닿고는 한동안 땅바닥에 주저앉아 속을 가라앉혀야 했다. 해외여행을 꿈도 못 꾸던 시절 신문에 연재된 〈김찬삼 해외배낭여행기〉는 신비로운 토픽이었다. 이 모두가 그리 머지않은 일들이건만 어느새 까마득하다.
　그때는 인터넷도 없고 여권과 비자를 내려면 반공교육에 신원

조회까지 거치며 1년여나 준비를 해야 했다. 그런데 지금은 어떤가? 여권 발급은 구청에서 1주일이면 OK이고 여행방식도 크게 바뀌었다. 서점이나 여행사를 찾지 않고도 컴퓨터 클릭 몇 번으로 원하는 항공권을 구입하고 여행경로와 유스호스텔 등을 골라서 예약할 수 있다. 각종 앱(App) 덕분에 지도와 가이드북을 들고 다니거나 길을 잃고 헤맬 염려도 없거니와 사진을 위한 카메라 필름은 이미 골동품이 된 지 오래다.

특히 금쪽같은 여행경비를 어떻게 지니고 다녀야 안전할까를 고민할 필요조차 없는 시대를 살고 있다. 모든 것을 스스로 견디고 이겨내며 모험에 가까웠던 예전의 고행(苦行)에 비하면 너무 간편해졌지만 그런 것들이 무상(無償) 즉 '공짜'가 아니어서일까, 그 대신 무차별 테러와 납치에 생명을 위협하는 내전과 이념 갈등의 충돌 그리고 살벌한 종교분쟁과 지진이나 기상이변에 이름 모를 괴질의 공포 등 더 큰 걱정거리가 생겼다. 세상 사는 이치가 참으로 오묘하다는 생각이 절로 든다.

쥘 베른이 쓴 소설 〈80일간의 세계일주〉가 너무 좋아 딴에 큰맘 먹고 주인공 필리어스 포그가 내기에서 목숨을 걸었던 여행담을 아이들에게 얘기하면 시큰둥한 표정이 섭섭하기까지 하다. 이야기의 주인공은 런던에서 출발하여 철도를 이용해 이탈리아 브린디시까지 가서 증기선으로 지중해를 가로질러 수에즈운하를 통과하는 데 7일, 홍해를 빠져나와 또다시 증기선으로 인도양을 거쳐 인도 서부 뭄바이에 닿는 데 13일, 거기서 철도로 인도를 횡단하는 데 4일, 남중국해를 돌아 홍콩까지 12일, 그리고 요코하마까지 6일, 화물선으로 태평양을 건너는 데 21일, 미 서부 샌프란시스코에서 동부 뉴욕까지 철도로 9일, 또다시 증기선으로 대서양을 횡단해 리버풀까지 8일, 거기서 기차를 타고 런던으로 돌아오는 일정이다. 여기서 하루라도 어긋나면 80일간의 세계일주는 실패하고 저택(邸宅) 한 채와 맞먹는 상금은 물거품이 되고 만다. 당시로써는 상상을 초월한 스릴만점의 세계일주 도전기이다.

그들의 교통수단을 보면 더욱 가관이다. 마차와 기차, 증기 여객선과 화물선에 인력거와 코끼리까지 아이들 말대로 영락없는 만화다. 하지만 그 시대의 여건이 그러했기에 온갖 난관(難關)을 헤쳐 나가는 동안 융통성 없던 성품의 주인공은 배려와 상생의 소중한 가치를 깨닫게 되고 협동심으로 온갖 역경을 이겨 나간다. 소설의 시대적 배경인 19세기는 수에즈 운하가 뚫리고 인도와 미국에 대륙 간 철도가 개통되는 등 개발 문명의 발달이 왕성한 때였다. 아무리 그렇다 하더라도 지금에 비하면 구닥다리 옛 얘기일 수밖에 없다. 만약 오늘날의 최신예 콩코드 여객기를 이용한다면 몇 시간짜리이므로 감히 비견조차 할 수 없는 격세지감(隔世之感)이다.

여행이 매혹적인 이유는 때때로 그 길이 우리를 어디로 인도할지 알 수 없기 때문이다. 하지만 예정에 없던 낯선 곳에서 예기치 못한 별일(?)이 생긴다고 하여도 선입견과 고정관념만 버린다면 의외로 더 좋은 결과를 얻는 경우가 많다. 오지의 사람들은 다 미개인이라는 오해와 특정 지역이나 인종에 대한 편견, 이슬람이나 동성애자를 보는 문화의 충돌 등 인류의 삶과 지구환경에 관한 문제를 숙제로 삼아본 것은 행복한 고민이다.

여행에 대한 정의는 저마다 다르다. 루소는 〈에밀〉에서 '여행은 놀러 다니는 게 아니라 새로운 나를 찾는 길'이라고 했다. 여행이란 발로 뛰는 학습(學習)일 텐데 결국은 '삶의 지혜를 얻고자 나서는 일'이 아닐까? 그래서 관광과 여행은 사뭇 다르다. 특히 배낭여행은 더더욱 그렇다.

"우리는 지금 달나라까지 오가면서도 이웃과 형제를 만나기는 더 어려운 세상에 살고 있다. 옴 마니 반메 훔." 티베트 달라이 라마, 그분의 이야기를 들은 지 꽤나 오래건만…

하얀 눈의 어머니 산 히말라야 오지에 꼭꼭 숨어 있는 인도 땅 라다크 여행을 생각하면 평생의 고생을 그때 모두 겪었던 것 같다. 그래도 귀한 땀방울이 헛되지 않았기에 닷새를 기다린 끝에 소원했던 그분을 가까이서 뵐 수 있어 얼마나 기뻤는지 지금 돌이켜 생각하면 꿈결인 양 아슴아슴 아련하다.

포인트 적립

　'여유와 낭만' 듣기만 해도 가슴 설레는 말이다. 그런데 그게 꿈속에서 맴돌기만 했던 시절이 있었다. 소싯적 한 달에 한 번 매월 25일 두툼한 월급봉투로 꿈에 그리던 여유라는 걸 누릴 수 있어 얼마나 기뻤는지 모른다. 어쩌다 아이들에게 그런 이야기를 하면 들으려 하지도 않거니와 믿어 주지도 않는다. 아마도 '누런 월급봉투'라는 걸 상상이나 짐작조차 하지 못하는 눈치다. 그런데 요즘은 너무 많은 게 탈인 경우를 다반사로 겪으며 산다. 너무 많이 먹고 너무 많이 버리고, 차고 넘치는 자동차 홍수로 편리와 불편이라는 아이러니가 어지러이 교차한다.

　하루가 다르게 변하고 있는 현실은 돈이나 수표가 오가지 않아도 언제 어디서나 인터넷으로 결재를 하고 시내버스는 물론 밥값에 차 한 잔까지도 카드 1장으로 거침이 없다. 그런데 앞으로는 그런 것조차도 필요 없는 세상이 올 것이라는 보도다. '참 좋겠다'라는 생각보다는 왠지 '섬뜩하다'고 여겨졌다면 영락없는 '할배'라고 할 것 같아 씁쓸하다.

　그럼에도 불구하고 현찰 지불이 아니면 물건값을 제대로 치르지 않은 것 같은 헛헛함을 느끼곤 했는데 최근 그와 비슷한 일을 또 겪었다. 어느 날 백화점 정산코너에서 포인트 적립에 대한 장황한 설명을 들었을 때다. 순간 계산이 틀렸나 싶어 어리둥절한 내게 멤버십에 포인트를 적립하면 어찌어찌 좋을 것이라는 식의 장황한 설명을 듣고는 '바쁜 사람 붙들고 쓸데없는 이야기를 왜 저리 늘어놓나. 별꼴 다 보겠네' 했다. 물론 젊은 세대들은 그런 게 이미 일상이 됐겠지만 나와는 무관하다 여겼기 때문이다.

　그런데 캐나다에서 잠시 살아보니 그게 그런 게 아니었다. 그들은 누구나 할 것 없이 모두가 일에 감사하고 노동을 귀히 여기며 카드로 살고 있었다. 언제 어디서 누구나 적립식 포인트를 허

투루 외면하지 않았다. 노상 자동차를 몰고 다니며 주유소를 제 집 드나들듯 하면서도 포인트라는 걸 꼬박꼬박 챙기고 있었으며 그 흔한 햄버거 한 쪽, 커피 한 잔에도 예외가 없어 처음에는 놀랍기까지 했다. 도대체 저 시시콜콜한 걸 그렇게 알뜰살뜰 모아 무얼 어쩌자는 건지 '쩨~쩨~하기는…' 했었.

세상이 하루가 다르게 변하는 건 예삿일이요 그에 부응해야 함도 마땅한 일이건만. 빠른 세태의 변화를 받아들이고 때맞춰 쫓지 못한 자신을 새삼 돌아보았다. 기성세대라고 젊은이처럼 살지 말란 법은 없다. 아니 젊은이처럼 살지 않으면 뒤처진 퇴행 인생일 수밖에 없음이 엄연한 현실이기도 하다. 해외나 국내나 지금은 분명 카드 시대다. 따라서 그것을 사용할 때마다 포인트라는 걸 생각해야 하는 것 또한 일상이 되었다. 그건 쩨쩨함이 아니라 삶의 한 방편이요 지혜인 것이다.

비행기가 태평양을 건너오며 그런데 그게 그뿐만이 아니라는 걸 새삼 속삭인다. '반복되는 일상 중에 모아지는 것이 어찌 적립금이나 카드 포인트만이냐?' 라고 묻는다. 하루하루가 쌓여 만들어지는 추억도 그때그때 나날이 적립시킨 자신의 귀한 삶인 걸 몰랐느냐고 채근한다. 캐나다 속담에 '추억이 없는 사람은 가난

한 사람이다'라는 말이 있다. 돌이켜 보면 물건값으로 카드를 쓰면서 얻는 포인트보다 훨씬 더 의미 깊고 값진 게 추억 포인트라는 걸 그들은 예전부터 암시하고 있었던 것 같다. 세월의 나이테처럼 하나둘 쌓여가는 추억을 돌아보면 그 두께가 곧 지나온 삶의 그림자였음을 몰랐느냐고 묻는 것 같다. 내일이 오늘로, 또 오늘이 어제라는 이름으로 삶의 페이지를 넘기며, 지금 이 순간도 추억 포인트는 쌓여가고 있다.

　이야깃거리가 넉넉한 부자로 살 수 있도록 많은 추억 포인트를 적립해 볼 일이다. 다양한 사람들과 만나 소중한 인연을 맺고 가보지 않은 곳으로 여행을 떠나 신나는 경험도 챙기며 새로운 일이나 배움에 도전장을 내고 당당히 맞서 더 많은 포인트를 쌓고 싶다. 곰곰이 생각해보면 기쁘고 좋았던 일들만 기억하기에도 모자란 게 추억 공간이 아닐까? 그 삶터에 불필요하고 언짢았던 일들일랑 죄다 버리고 내일의 기쁨이 될 수 있는 여운만을 추억 포인트로 소중히 적립해야겠다. 무지갯빛 추억이 꽃보다 아름다울 걸 믿는다. 왜냐하면 추억이란 '가슴에 남는 마지막 연인'이니까.

세월

서라 해도 안 설 것을
불러 본들 무엇하리
괜한 맘
졸이느니
그냥 거기 두고 보리

– 甲申年 正月 열이레

| 여름 |

어버이날
장락산 고사리
사과 궤짝
박수, 앙코르, 추임새
나무야 나무야
봉쥬르 파리
당케 쉔, 베를린

어버이날

　다를 게 없는 일상이지만 오늘은 '어버이날'이다. 우리에게는 부모가 연로하면 자식이 집에서 편히 모시는 전통적 윤리관이 있었다. 농본 사회의 자랑스러운 미풍양속이었으나 산업화, 도시화, 핵가족화, 생계 구조의 시대적 변화 등으로 지금은 부모와 함께 사는 가구 수가 갈수록 감소하는 추세다. 당연하게 여겼던 그간의 가풍(家風)을 지켜내기가 어렵게 된 요즘이다.
　그런가 하면 의료기술 및 의약품의 발달과 생활 수준의 향상으로 과거 70세에 머물던 평균수명이 이제는 80대를 웃돌고 있다. 핵가족화와 노령화로 인한 사회구조의 양면성에서 부모 부양을 포함한 노인 문제가 심각한 국면을 맞이한 것 또한 주지의 사실이다. 어쩔 수 없는 현실이 다만 안타까울 뿐이다

산다는 것은 만남이요 관계의 연속이다. 남남과의 인연이라면 선택에 그칠 수 있지만 가족관계는 선택이 아닌 운명이다. 더욱이 부모와 자식 사이는 혈육이라는 특수한 관계이므로 천륜(天倫)이라고도 일컫는다. 아무리 그렇다 하더라도 그 이면에는 일일이 표현 못 하는 속내도, 예기치 않은 갈등도, 참기 어려운 섭섭함도 끼어있기 마련이다. 하지만 그 모든 사연들을 흐르는 세월 속에 묻고 언제 그랬느냐는 듯 담담하게 여길 수 있으면 그게 바로 노년의 시작이라는데 고개가 끄덕여지는 대목이다.

젊음은 젊음 자체로 아름답지만 늙어지면 노추(老醜)를 걱정하지 않을 수 없다. '희망을 잃지 않는 한 결코 늙지 않는다' 라는 멋진 문구도 있으나 그것은 그렇다는 위안일 따름이며 귀밑의 흰 서리는 세월 따라 더 하얘질 뿐 뾰족한 수는 기대난이다.

조선 중기 학자인 성호 이익(李瀷, 1681~1763) 선생은 일찍이 노인의 특성을 다음의 열 가지로 비유해 놓았는데, 예나 지금이나 전혀 다르지 않다는 게 생각할수록 이채롭다. 첫째, 흰 얼굴은 검

어지고 검은 머리는 희어진다. 둘째, 낮에는 꾸벅꾸벅 졸면서 밤에는 잠이 오지 않는다. 셋째, 하루는 길고 일 년은 짧다. 넷째, 옛일은 기억하면서 어제 일은 생각이 잘 나지 않는다. 다섯째, 딴엔 바빠 서두르건만 결국은 꾸물대고 있다. 여섯째, 안 그래야지 하면서도 싫다는 잔소리를 자꾸만 늘어놓는다. 일곱째, 슬플 때는 눈물이 안 나는데 웃으면 눈물이 흐른다. 여덟째, 이야기를 하다 보면 장황한 서론으로 결론을 까맣게 잊어버린다. 아홉째, 우리말인데도 때때로 통역이 필요하다. 열 번째, 먼 하늘을 자주 본다.

젊음이 노력으로 얻은 상(賞)이 아니듯 늙음 또한 잘못으로 인한 벌(罰)이 아니건만 예나 지금이나 노인의 특성이 왜 이토록 가슴을 시리게 할까. 다시 읽어 봐도 정말 그럴까? 왜 그럴까? 나도 나이 더 들면 그럴까? 알 듯 모를 듯 믿기지 않는 열 개 항목이다.

올 초 중국으로부터 해외토픽 하나가 날아들었다. 효도를 법으로 규정했다는 소식에 그게 말이나 되는 소리냐고 코웃음을 쳤지만 실제상황이라니 어안이 벙벙할 따름이다. 60세 이상 부모에게 자녀는 의무적으로 정신적 금전적 지원을 하지 않으면 안 된다는 '노인권익보장법' 일명 '효도법'이 발효됐다고 한다. 특히 부모와 따로 사는 자녀일 경우는 정기적으로 찾아뵙도록 법으로 규정

했다는데 눈치 빠른 왕서방이 부모님을 대신 찾아뵈어 주는 '효도 대리 방문 서비스센터'를 차려 성업 중이라니 할 말이 없다.

늙음을 뜻하는 한자 '늙을 노'에는 이중적 의미가 숨겨져 있다. 노련(老鍊)이나 노숙(老熟)에서의 노는 '오랜 경험으로 무르익었다'라는 긍정적인 뜻이 있는가 하면 반대로 노후(老朽)라든가 노욕(老慾)과 같은 단어에는 '낡고 고집스럽다'는 부정적 의미가 담겨있다. 참으로 뜻깊은 노(老) 자의 해석이다.

장수를 바라는 것은 인간의 본능이다. 하지만 장수 시대의 도래가 축복일까 재앙일까 하며 지레 호들갑을 떨기 시작해 마음이 심란하다.

가족들과 같이 손에 손잡고 푸르름이 넘치는 산에 올랐다. 그런데 각자가 자기 편리대로 나무 따로 숲 따로 본다면 그건 어불성설이다. 제대로 된 나들이라면 열린 마음으로 나무와 더불어 숲을 함께 보아야 옳게 보았다 할 것이다.

장락산 고사리

5월은 이래저래 선물을 많이 주고받는다. 내가 보낸 것은 주로 책이었으므로 포장에 신경 쓸 일이 없었으나 받은 선물 중 과일 바구니 하나가 유별났고 이를 본 아내는 탄성을 아끼지 않았다. 그런데 너무 요란스러운 게 탈이었을까 끝내 우려가 현실이 되고 말았다.

들떴던 기분도 잠깐 푸짐했던 한 층을 걷어 냈을 때의 내용물에 대한 실망감이란 참으로 황당하기 그지없었다. 사과 박스의 겉과 속이 그렇고 그렇더라는 이야기는 매스컴을 통해 들어봤지만 한순간 눈앞에 펼쳐진 어처구니없는 상황에 우리 내외는 서로 할 말을 잊고 말았다. 행여 누가 볼까 봐 아니 이다음에라도 당사자가 알아서는 안 되는 일이라 여겨져 얼른 바구니를 비우고 리본만 따로 챙겼다.

최근 홍콩무역업계에선 '코리안 애플 박스'라는 유행어가 돌고 있다 한다. 이는 주문할 때 제시한 샘플과 그 후 실제로 받아본 상품이 동일하지 않을 때 '코리안 애플 박스'라고 한다는데 결코 믿고 싶지 않은 서글픔이다. 그 언젠가는 '코리안 타임'이 한동안 우리를 당혹스럽게 하더니 참으로 부끄럽기 짝이 없는 일이다. 지나친 과대 포장의 허상은 실제의 내용을 상상 이상으로 초라하게 만들고 마는 우(愚)를 범하기 일쑤다.

정성껏 주고받는 선물이야말로 팍팍한 삶을 훈훈하게 해주는 인지상정임이 틀림없다. 그런데 요즘은 선물의 수취를 거부하는 사례가 갈수록 늘고 있다는 뉴스다. 선물과 뇌물을 분간키 어려워 생기는 기현상이 아닌가 싶어 씁쓸하다.

부부의 날에 때맞춰 우편물 하나가 배달되었다. 강원도 장락산에 묻혀 산 지 9년째로 접어든 친구가 보낸 소포였는데, 열어보니 고사리였다. 체구가 작지도 않은 사내가 어린 고사리를 찾아

산자락 이곳저곳을 돌아다니며 허리를 수없이 굽혔을 걸 상상하니 코허리가 시큰했다.

한때는 잘나가던 대기업의 임원이었고 세계가 좁다며 지구촌을 휘저었던 그였는데 어느 날 "사람 사는 세상이 이리 험하고 야박해서야 원?" 하더니 홀연히 산(山)사람을 자처하며 서울을 떠났었다. 첫해엔 외로워 못 살겠다며 친구들을 불러들였고 어쩌다 신열이 섭씨 40도까지 오를 땐 "아~ 사람이 이렇게 죽는 거구나" 하면서도 눈물은 흐르지 않더라고 해 우리들을 웃기기도 했다.

고생 끝에 지금은 자급자족으로 〈월든〉을 탐하며 약초 재배로 자활의 터를 닦았고 한 쌍이었던 사슴이 제 식구를 여러 마리로 늘려 외롭거나 아플 겨를조차 없다고 한다. 평소 일이라고는 해보지도 않은 사람이 산중에서 새로운 삶을 일군다는 게 그리 녹록하지 않았을 텐데 아무튼 천만다행한 일이기는 하나 가슴을 짠하게 한다.

서울까지 배달된 친구의 수제품이 아내의 품평에 올랐다. 여리디여린 새순을 가지런하게 돌돌 말아 묶어 놓은 모양새로 보아, 가장 연할 때 뜯어 삶아 볕 좋은 곳에서 정성껏 말린 것임이 틀림없다며 자랑한다.

선물을 받아 기쁘지 않을 사람이 어디 있을까마는, 소포를 받고 너무 좋아한 속내가 쑥스러웠던지 얼른 돌아앉아 장락산으로 고맙단 편지를 쓴다. 내용을 훔쳐보니 이웃하고도 나눠 먹고 캐나다 아들네 집에도 보내겠다며 마치 자기가 후한 인심이라도 베풀 듯 생색이 넘쳐난다. 고사리 뭉치 속 메모 쪽지엔 '맛나게 먹고 힘내라' 는 글귀가 친구의 체온인 양 아직도 따습다.

감동적인 영화 한 편을 보았거나 가슴 진하게 와 닿는 책 한 권을 읽고 나면 자신도 모르는 사이 눈시울이 붉어질 때가 있다. 그래서일까 진심으로부터 전해지는 사랑의 선물은 결코 헛될 수 없다.

여름 장맛비에 온천지가 물바다 되어도, 눈이 내리고 또 내려 폭설에 묻힌다 하여도, 아니 세상이 이보다 더 수상하다 할지라도 장락산(長樂山) 그곳은 언제나처럼 변함이 없을 것이다. 왜냐면 이름만으로도 기쁨을 주었고, 소중한 마음 가득해도 차마 다 드러내지 못하고 아끼며 살아온 진득한 그대, 친구가 거기 있으니까.

사과 궤짝

　월례산행에 일곱 명이 모였다. 자주 보는 얼굴이지만 산에서 만나면 더 반갑다. 앞서거니 뒤서거니 백운대에 올랐다. 공깃돌처럼 다정한 오봉이 반갑다고 인사를 한다. 멀리 관악산이 흐릿하고 남산을 아우르고 있는 서울 시내가 한눈에 들어온다. 전에는 청계천 변 3.1빌딩이 제일 높은 건물이었는데 지금은 빌딩 축에도 못 든다며 뜬금없이 막내가 한마디 한다. 한참을 무념무상으로 앉아 계시던 회장님께서 '그럼 6·25 때 잿더미가 됐던 서울을 상상이나 할 수 있겠느냐?' 하시며 물끄러미 쳐다본다.

마침 그날이 6월 25일이라 옛 생각이 떠오르셨던 모양이다.

전에도 들어본 이야기지만 한국전쟁 당시 선생님께서는 피난길을 서두르며 그래도 장서만은 포기할 수 없어 가장 안전한 운반수단으로 택한 것이 사과 궤짝이었고, 그 탁월한 선택 덕분에 1954년 서울 집으로 다시 돌아왔을 때 사과 궤짝 그대로 차곡차곡 쌓아 뚝딱 서재를 꾸밀 수 있었다며 그땐 불편은커녕 사과 궤짝이 고맙기만 했었다는 얘기다. 서재가 된 사과 궤짝 책장과 주방에 놓인 사과 궤짝 찬장은 한국전쟁 중 고달팠던 한 시대의 상징이 되었다고 술회하신 고(故) 이희승 선생님을 모시고 CAC(한국산악회) 활동을 열심히 했던 젊은 날의 추억이 오늘따라 더욱 새삼스럽다.

예전에 본 사과 궤짝은 대패질도 하지 않은 송판을 대충 못질해 짜 맞춘 상자였지만 단단하고 도톰해 한 번 쓰고 버리기엔 너무 아까운 다용도 물건이었다. 엎어 놓으면 앉은뱅이책상이나 밥상이 됐고 트인 쪽을 앞으로 향하도록 부엌에 몇 개 쌓아 놓으면 대접, 사발, 수저, 접시, 냄비, 바가지, 반찬 등을 보관하는 찬장이 되었으며 궤짝에 벽지를 예쁘게 발라 양말, 수건, 속옷 등을 보관하는 수납장으로도 썼다. 또 궤짝에 바퀴를 달아 장난감 유모차로 끌고 다니기도 했고 궤짝 한쪽을 철망으로 막아 병아리나 토끼를 기르기도 했다. 더 나아가 손재주 좋은 사람은 궤짝을 뜯어 요리조리 가공해 책꽂이, 신발장, 서랍장 등으로 다양하게 활용했다. 그러고 보면 우리나라 DIY(Do It Yourself)의 시작은 그때가 아니었나 싶기도 하다.

50여 년 전 새마을운동이 한창이던 시절 조선일보에는 〈새마을 공작〉이라는 특별코너까지 마련해 놓고 사과 궤짝을 이용해 찬장, 책상, 책꽂이, 수납장 등 자잘한 살림 도구 만드는 방법을 소개하며 경제적 부담이 적어 누구나 손쉽게 만들 수 있다고 권장하기도 했다. 그러면서 사과 궤짝으로 자녀들의 책상을 만들어 줄 땐 무럭무럭 자라는 아이들의 키 높이에 맞도록 조절을 잘해 주어야 한다고 주의사항까지 토를 달아 주었었다.

올해 들어 가수 진성 씨가 부른 '보릿고개'가 요즘 인기가요 1순위에 오르고 있다. 글자 하나 틀리지 않는 노랫말이 가슴을 저리게 한다. 보릿고개 그 시절 식량부족을 극복하기 위한 고육지책으로 정부에서는 매주 수요일을 '무미일(無米日)'로 정하기도 했고 식당의 반찬 낭비를 위한 '표준식단제'가 시행됐는가 하면 보사부(지금의 보건복지부) 법령으로 '가정의례준칙'이라든가 '표준

혼수모델' 등이 공표되기도 했다.

언젠가 살아생전 국회의원 배지를 달았던 코미디언 이주일 씨가 TV 인터뷰에서 서러웠던 무명시절 달동네 셋방살이의 가난을 더듬으면서, '그때 살림살이라고는 담요 몇 장과 사과 궤짝 서너 개가 전부였다'고 털어놓으며 목이 메어 울먹이던 모습이 지금도 눈에 선하다. 이 모두가 젊은 세대들에게는 과거의 역사 속 이야기 정도로 치부될지 모르겠지만 결코 그렇지 않다. 왜냐하면 우리가 살아가고 있는 지금 이 시대의 이야기이니까.

그랬던 예전의 사과 궤짝은 이제 추억 속의 유물이 되었다. 내 어렸을 적 서민들의 살림살이로 애지중지 고마웠던 사과 궤짝! 그리고 6월 25일! 북한산을 내려오는 발걸음이 오늘따라 왜 이리 무거울까.

박수, 앙코르, 추임새

　　배낭여행은 간편 여행이기도 하여 돈, 시간, 짐, 체력 등 줄이고 아껴야 할 게 한두 가지가 아니다. 빠듯한 일정과 경비를 생각하면 무리지만 어떤 경우에는 헤어날 수 없는 유혹에 끌려 사고(?)를 칠 때도 있다. 이탈리아의 폼페이와 소렌토를 돌아 나오며 만감이 교차한 가운데 도착한 나폴리에서의 일탈이 그중 하나였다. 오페라 아리아 공연 입장료 때문에 매표소 앞에서 머뭇거리긴 했지만 결론은 그 돈이 전혀 아깝지 않았다는 얘기다. 익히 잘 아는 내용이었음에도 감회가 남달랐는데 그것은 지금 생각해도 표현할 길이 없다. 특히 공연이 끝났을 때의 행동들이 너무나 의외인 것이 가관이었다. 막이 내려지자 엄청난 박수와 함께 브라보가 터져 나오고 마치 친구를 대하듯 배우들의 이름을 부르며 환호하는가 하면 아예 극 중 대사처럼 "나폴리는 당신을 사랑해~!" "마르타여, 당신은 진정한 우리의 보물이야" 하며 산 카를로 극장이 떠나갈 듯 소리를 지른다. 그런데 그게 전혀 어색하거나 촌스럽지 않았기에 그들의 분위기 따라 나도 덩달아 큰 소리로 "브라보"를 연호했던 기억이 새삼스럽다.

그런가 하면 독일에서의 경험은 조금 달랐다. 그들은 연주가 끝났는데도 대체로 차분하고 근엄하기까지 했다. 이탈리아 사람들이 소리로 외치던 것을 그들은 박수로 대신하고 있었다. 박수도 리듬을 적당히 넣어가며 숨 돌릴 틈 없이 밀도 짙게 화답하는 분위기였다. 더 기가 막힌 것은 그게 끝이 아니고 구둣발을 마구 구르는데 깜짝 놀라지 않을 수 없었다. 커튼콜이 진행되는 동안 모두가 마음껏 발을 굴렀기 때문이다. 극장 바닥이 나무 재질이었던 아카데미하우스에서의 앙코르를 생각하면 지금도 전율을 느낀다.

대개의 경우 공연이 끝나면 관례처럼 객석에서 박수와 환호가 터져 나오고 그에 화답하여 앙코르를 선사한다. 그런가 하면 그와 반대인 공연도 있었는데 계속된 박수에도 불구하고 앙코르 없이 마무리되는 것을 보았기 때문이다. 그런 경우는 무슨 연유에서일까 궁금했는데 연습한 만큼 연주가 만족스럽지 못했을 때와 특별한 내용이 담긴 작품 즉 차이콥스키 교향곡 6번(비창)이 비극적으로 끝났을 때 그리고 말러의 교향곡처럼 난이도가 너무 높은 작품을 어렵사리 연주했을 때라고 한다.

그렇다면 우리의 '사물놀이'는 연주가 끝나고 난 다음 왜 앙코르를 받지 않는 관례를 갖고 있을까? 그것은 아마도 위에서 밝혔던 이유 중 세 번째가 아닌가 싶다. 풍물 한 가락은 대개가 내고, 달고, 굴리고, 맺는 구조로 되어 있다. 도입부의 내는 가락은 허허실실이지만 이를 힘껏 달구고 천둥벼락에 태산이 무너지듯 굴릴 때의 치배들 가슴팍은 그 몇 배나 더 고동을 친다. 그리고 맺음으로 넘어가면 상·부쇠의 짝드림 놀이가 운우지정의 천상화음인 양 감명, 공명, 신명에 이르러 무아경에 이른다. 이렇듯 혼신을 다한 연주가 끝나고 나면 무대와 객석은 하나같이 뜨거운 열광의 도가니에 빠지고 어떤 이는 '십 년 묵은 체증이 싹 가신 듯하다'고 소회를 털어놓는가 하면 또 어떤 사람은 '이게 바로 한국인의 신명'이라며 눈물을 글썽이기도 한다. 미련 없이 진력을 다 뿜어낸 마당에 앙코르는 사치에 불과할 뿐이 아니겠느냐는 얘기다. 상쇄로서는 말러의 교향곡 연주에 비견하고도 남을 일이기에 십분 이해가 된다.

하지만 판소리나 마당놀이의 경우는 근본과 분위기가 사뭇 다르다. 숨죽이며 들어야 하는 서양의 오페라와 달리 공연 중이라 하더라도 객석으로부터 '추임새'가 없으면 오히려 무대에 설 맛조차 없다고까지 말하기도 한다. 공연은 공연대로 객석은 객석대로 장르에 따라 자기 역할과 제 몫이 따로 있음을 엿볼 수 있는 대목이다. 우리는 이탈리아와 비슷한 반도국가라 국민성이 다혈질에 가까워 공연 매너나 객석 분위기가 열광적이기로 이미 정평이 나있다. 세종문화회관이 차고 넘쳤던 소프라노 안나 네트렙코의 열창 무대가 끝나고 그는 "이런 분위기라면 밤새워 노래해도 좋겠다"라며 관객의 박수와 열광에 감격했었다. 서울을 찾은 연주자들이 유독 앙코르에 후한 것 또한 한국인의 뜨거운 객석 분위기 덕분이라는 게 이구동성이다. 박수든 앙코르든 추임새든 공연이란 결국 무대에 오른 연주자와 객석을 메운 관객이 함께 호흡하며 만들어 내는 종합예술이기에 둘이 곧 하나인 셈이다.

나무야 나무야

    나무는 그냥 나무였다. 그런데 산림청 식목 행사를 계기로 그게 아님을 알게 된 건 행운이고 기쁨이었다. 이제는 즐겨 다니는 여행의 테마와 코스도 달라졌다. 귀한 깨달음을 모티브로 서울을 나선 행선지는 원주 영월 태백 울주 그리고 삼척까지다.
    치악산을 찾아 사다리병창을 노래하며 비로봉(1288m)을 오르내릴 때는 알지도 듣지도 못했던 바윗돌 하나를 매표소 옆에서 찾을 수 있어 다행이었다. 너비 약 1m에 둘레가 3m쯤 돼 보이는 무릎 높이의 도도록한 자연석엔 우에서 좌로 네 글자가 희미하다. "標禁腸黃" 즉 "황장금표"다. 이는 이곳 소초면 학곡리 일대의 황장목을 보호하기 위하여 일반인의 무단 벌목을 금지한다는 임금님의 방(榜)으로, 지금은 강원도 기념물 제30호 사적이다. 솔향 가득 고즈넉한 새소리길, 바람길, 물소리길 등 모두가 마음 치유 숲길로 더할 나위 없이 좋은 걸 왜 진즉 몰랐을까?

거기서 멀지 않았던 영월 땅, 단종 임금의 애통한 사연이 서린 그곳 수주면 두산리. 그러니까 조선조 말기 순조 임금께서 1802년에 세웠다는 두산리 809번지의 비석 하나는, 높이가 겨우 110cm에 불과했지만 200여 년의 풍상을 견디었음에도 첫인상이 매우 단아했다. 역시 황장목을 나라에서 직접 보호하겠다는 "黃腸禁標碑(황장금표비)"로, 마을 이름조차 '황장골' 이었다. 당시 그곳의 황장목 관리를 소홀히 한 죄로 귀양까지 보내졌다는 영월 부사 김정하의 얘기가 지금껏 전해져 오고 있는 걸 보면 황장목의 격(格)이 어떠했는지 짐작하고도 남을 일이다.

꼬불꼬불 강원도 길 태백시 황지읍을 지나던 중 불현듯 옛 직장동료 감자바우 S가 보고 싶었다. 수염까지 텁수룩한 채 산(山)사람이 다 된 그가 "예고도 없이 이게 웬일이냐?"며 눈을 껌뻑이더니 반가워 어쩔 줄을 모른다. 오랜만에 옹심이로 묵은 회포를 잠시 풀고 서둘러 울진으로 넘어가니 어느덧 하루해가 설핏하다.

다음 날 일찍 나섰다. 사랑바위를 지나고 소광리(김光里)로 접어들자 계곡 물소리가 꽤나 거세다. 도랑물 건너기를 예닐곱 번쯤 하였을 때 인적조차 뜸한 곳에서 너럭바위 하나가 유난스럽다. 안내 표지판에 "黃腸封界標石(황장봉계표석)"이라 적어 놓고 '황장목의 봉계지역을 대리, 당성, 생달현, 안일왕산 네 곳으로 경계하고 관리를 명길에게 맡긴다'라고 설명을 달아 놓았다. 소나무 보존을 위해 어명(御命)까지 새겨 놓으며 애를 쓴 흔적이 역력하다. 산이 깊을수록 잡목을 솎아낸 잘 정돈된 소나무정원이 너무나 아름답다. 예전에 궁(宮)을 짓거나 왕실에서 관(棺)이 필요하면 소광리 소나무를 베어 썼다는데 보나 마나 황장목임이 분명하다. 그 후 일제강점기 때는 우리 금강송을 일본으로 가져가기 위해 봉화군 춘양역(驛)에서 반출했다 하여 춘양목(春陽木)이라 부르기도 했다니 이름까지 수난을 겪은 과거사가 안타깝기만 하다.

깊은 산중이지만 그곳은 산림청 보호 수림 구역이라 입산 허가와 함께 관리소의 안내에 따라야 한다. 봉계석을 시작으로 삿갓재와 백병산 기슭을 아우르고 있는 솔숲이 여의도의 8배나 된다는데, 그중에도 될성부른 거목(巨木)감이 150~200년 후엔 귀한

나무야 나무야 67

수형목(秀型木)이 되어 장차 경복궁의 대들보가 되고 숭례문의 기둥으로 우리의 역사와 문화를 떠받치게 된다는 얘기다. 일반 소나무보다 가벼운데도 목재의 뒤틀림이 없는 게 장점이라는 산림청 직원의 설명은 진지하다 못해 심각하기까지 했다.

한 그루 수형목을 위해 수많은 도움목을 필요로 하면서 자연의 질서와 순환으로 숲을 이룬다는 대목에선 모두가 벌린 입을 다물지 못했다. 골이 깊을수록 우람하고 수려한 소나무들이 마치 연병장에 도열한 사관생도를 보는 것 같아 미덥고 늠름했다.

저 나무는 어찌 저리도 예쁘냐고 물어보았다. '미스 황장목'이라고 한다. 그리고 보니 가지나 옹이 하나 없는 몸매에 발그스름하고 매끈한 모습이 여인의 각선미를 닮았다. 그 맞은편엔 미남송(美男松)도 있었는데 우람하게 장군처럼 버티고 선 모습이 딱 사나이다운 기상이다. 아무렴 삼라만상이 죄다 음양(陰陽)의 조화가 아니던가?

조금 더 올랐을 때 나무 하나가 하얀 띠를 두르고 있었다. 종목(種木)이란다. 후대를 위해 귀한 "씨받이 나무"가 거기 있었다. 자꾸만 좁아져 가는 황장목 원형 숲을 보존하기 위해 연구원들이 이 깊은 산중에서 유전자 보존·증식 등 학술연구에 밤낮이 없다고 한다. 숨은 애국자가 따로 없는 현장이었다.

　황장목은 대개가 곧고 매끈한 몸통 위에 풍성한 솔잎을 머리에 인 모습이라는데 이는 중간에 가지가 많으면 폭설에 몸통까지 꺾이기 쉬우므로 살아남기 위해 헛가지를 깔끔하게 정리하는 습성을 가졌기 때문이라고 한다. 감히 범할 수 없는 자연의 섭리 앞에 우리 인간은 왜 스스로 내려놓고 덜어낼 줄을 모르며 더 많이 틀어쥐려고만 야단들일까? 명예든 재물이든 때에 이르러 스스로 가지치기할 줄 아는 당위를 황장목에서 한 수 배워본다.

　빛내골 들머리의 노송(老松) 한 그루! 6백 년 세월에도 올올한 기품이 아직도 청춘이다. 그 황장목 터줏대감이 우리에게 잠시 땀을 식히라며 그늘을 내어준다. 금수강산 푸른 미래를 본다.

　숲 사랑의 가치를 몰랐더라면 어찌 숲 기행이 이토록 소중한 발걸음인 줄을 알 수 있었을까? 푸른 솔이 너도나도 빛을 발하며 하늘 찌를 듯 당당하다. 밤늦은 귀경길에 다음 여정을 상상해본다. 설악에서 삼척, 도계, 봉화를 거쳐 영덕, 청송에 이르는 태백산맥 소나무 탐방길, 행복한 꿈이다. 나무야! 우리 소나무야!

봉쥬르 파리

　　유럽을 자전거로 달려보고 싶었다. 나는 서울에서 비행기로, 친구는 베를린에서 기차로 출발하여 파리에서 만나던 날 바깥 기온은 에펠탑만큼이나 치솟고 있었다. 프랑스, 벨기에, 룩셈부르크, 네덜란드, 독일 등 5개국을 자전거 페달을 밟으며 친구와 함께했던 여정의 테마는 '우정과 낭만' 이었다.

　　"… 나는 거리를 걸었네 / 낯선 사람에게도 마음을 열고 / 봉쥬르 하고 싶었네 / 샹젤리제에는 낮이나 밤이나 / 바라는 건 다 있다네…." 가수 조 다생(Joe Dassin)이 불러 크게 히트했던 '오 샹

젤리제(Aux Champs-Elysees)'의 경쾌한 리듬을 흥얼거리며 우리는 세느강 변 평화의 광장에서 출발 준비를 서둘렀다.

그런데 뜬금없이 어디선가 우리 가락 풍물소리가 들리는 게 아닌가? 유학생과 교민 자녀들이 나무그늘 아래에서 설장구를 연습하고 있던 참이었다. 너무 반가운 나머지 한 축 끼어 '동살풀이'와 '휘모리' 가락으로 장단에 흥을 돋우어 주었더니 "사부님 오늘 하루 우리와 함께 지내시죠?" 한다. 도대체 여기가 어디인데, 사물놀이 한 가락으로 동포 가슴에 불을 댕길 줄이야. 과연 피는 물보다 진한가 보다. 부디 성공하시라며 건네준 에비앙 물 한 병에 그들의 사랑과 우정을 가슴에 안고 페달을 힘차게 밟았다.

온몸이 땀에 젖고서야 복잡한 파리 시내를 벗어나면서 동포들과 포옹으로 나눴던 "봉쥬르"의 의미를 다시 실감했다. 그렇게 6시간을 달려 하루의 나래를 접은 곳은 맥쌩 캠프장. 우선 시원하게 씻어야 숨을 돌릴 것 같아 샤워장에 들르니 코인을 넣어야 물이 나오는 구조가 아닌가? 코인 한 잎에 3분 사용이라면 1분에 몸을 적시고 1분에 비누칠하고 나머지 1분으로 온몸을 씻어 내라는 모양인데 그것이 불가능했던 나는 3분 동안 샤워꼭지 밑에서 물

세례로 만족할 수밖에 없었다. 물을 물 쓰듯 하지 않고 물을 돈 쓰듯 하고 있는 프랑스에서의 첫날 밤이었다.

어제도 오늘도 자전거 길 주변은 감자밭 일색이었다. 하얀 꽃 핀 건 흰 감자요 자줏빛 꽃 핀 건 보나 마나 자주감자라고 했던가? 몇 시간을 달려도 끝이 없는 대평원을 지나 나흘째 되던 날, 지평선 가득 잘 익어가는 밀밭 가운데에서 만난 프랑스와 벨기에의 국경! 그러나 그곳에는 철조망도 DMZ도 JSA도 여권을 보자는 사람도 없었다.

밭두렁 사이에 박힌 팻말 하나의 양면에 프랑스와 벨기에라고 쓰여있는 것이 국경 표시의 전부였다. 나라가 바뀌는데도 아무런 제재와 변동이 없었던 게 오히려 이상했다고나 할까? 국경 없는 자유통행, 유럽 통합의 현장에서 느껴야 했던 우리의 한반도 분단 현실이 나를 더 덥게 했다.

한낮의 폭염이 숨을 몰아칠 무렵 그늘 찾아 잠시 들른 주유소에서 친구의 유창한 독일어 덕분에 얻어 마신 공짜 생맥주 한잔이 더위를 한 방에 날려 주었다. 주인은 독일보다 앞선 양조기술로 맥주가 500종이 넘는다며 자기 나라(벨기에) 자랑을 빼놓지 않았다.

국토 3만㎢에 인구 1천만도 채 안 되지만 브뤼셀에 오줌싸개 소년 동상이 있어 우리에게도 친숙한 이 나라는, 한때 프랑스와 독일에 흡수된 적도 있었지만 1830년 독립 이후 슬기로운 국가 운영으로 지금은 발전을 거듭하여 NATO와 EC 본부를 둔 유럽의 중심 국가로 우뚝 서 있다. 베네룩스 3국이라더니 언제 국경을 넘었는지 나라가 바뀌었는지도 모르는 사이 우리는 네덜란드 땅을 달리고 있었다.

　　북유럽으로 많이 올라온 덕분인지 기온이 섭씨 30도를 넘지 않아 다행이었다. 복장은 비록 땀에 젖어 후줄근했지만 헤이그의 이준 열사 기념관도 둘러보고 허허로이 남아있는 묘비에 참배도 했다. 때마침 지나가는 소나기를 만났으나 애통한 심정에 차라리 시원하게 비를 맞으며 달렸다.

　　튤립의 나라이자 2002 FIFA 한일월드컵 우리나라 대표팀 감독 히딩크의 모국인 이곳은 모든 길의 건널목에 자전거 전용 신호등이 따로 있어 안전한 데다 자전거를 위한 안내지도와 자전거 전문 백화점까지 별도로 있어 우리를 놀라게 했다. 생소했던 그런 모습들은 자전거가 자동차보다 우선이라던 이 나라의 현실을 가감 없이 말해 주고 있었다. '자전거의 나라' 다운 여유로움이 자전거 배낭여행의 고된 피로를 어르고 토닥여 준 암스테르담! 눈길을 어디에 주어도 울긋불긋 형형색색의 온갖 꽃들이 마냥 싱그럽기만 했다.

둑(제방) 너머 건너편에서 동화책 속의 풍차가 느린 속도로 빙빙 돌고 있었다. 꿈속에서나 보던 네덜란드의 아름다운 풍경! 그런데 그 안에 이들의 아픈 역사가 고스란히 담겨있다니 도대체 무슨 사연들일까? 땀에 젖고 많이 지쳤지만 낭만적일 것으로 기대했던 풍차 게스트하우스는, 꿈의 보금자리이기에 앞서 너무 많은 것을 시사하고 있었다. 네덜란드에 관한 그간의 오해와 설익은 상식 때문에 잠들기가 쉽지 않았다. 도대체 역사의 깊이란 어디까지일까?

당케 쉔, 베를린

어느새 파리에서 출발해 벨기에를 거쳐 네덜란드까지 자전거 밟아 열흘째다. 되도록 도시와 관광지가 아닌 들길, 산길, 대평원과 둑길을 지나며 농부들과 만나고 시골 장터와 벼룩시장을 기웃거릴 수 있었던 건 행운이었다. 사람과 사람이 숨결을 나누며 또 다른 삶의 지혜를 들여다볼 수 있었기 때문이다.

열린 댐(Dam) 공법으로 자연 생태계를 죽이거나 교란시키지 않고 간척사업에 성공한 네덜란드의 '델타 프로젝트(Delta project)'는 지금도 수리공학 분야에서 세계 제1의 평가를 받고 있어 시화호와 새만금사업으로 시행착오를 거듭했던 우리에게는 타산지석이 아닐 수 없다.

바다를 메워 국토를 넓힌 탓인지 산이라곤 보이지 않았다. 비록 지금은 관광용 풍차지만 그래도 옛것을 보존하고자 애써 단장해놓은 풍차마을이 동화 속의 그림 같았다. 해수욕장이라고 하기에는 너무나 한적한 해변 캠프에서 여름휴가 중이던 6·25 참전용사 데이비드 씨 가족을 만난 건 우연이었다. 그는 1951년 2월 중공군과 맞붙은 강원도 횡성전투에서 UN군이 117명이나 전사한 중에도 자기는 불사조처럼 살아남았다며 한국 땅에서의 무용담에 밤잠을 설치고 말았다.

2000킬로 대장정에서 이제 겨우 3분의 1 왔으니 오후쯤 국경을 넘어 쾰른-본-바이마르-포츠담-베를린까지는 아직도 3분의 2를 더 달려야 했다. 더위가 너무 힘들어 그날은 새벽길을 달리기로 했다. 나라가 바뀌면 산수도 다른 법일까? 독일로 들어서니 산세도 험하고 오르막도 제법이었다. 지친 목이 타들어 갈 즈음 우리 앞에 펼쳐진 해바라기 천국은 잠시나마 피로를 잊기에 안성맞춤이었다.

라인강을 따라 달린 지 사흘째 되던 날, 밤늦게 도착한 마인

츠 공업지대는 1960~70년대에 한국인 광부와 간호사들이 약 2만 명이나 머물렀던 곳으로 지금도 우리 교민들이 많이 살고 있었다. 오지랖이 넓은 친구 덕분에 상추쌈에 삼겹살까지 얻어먹었더니 힘이 불끈 솟는다.

그리고 며칠 후 프랑크푸르트에서 야영을 하던 중 난데없이 들이닥친 A급 태풍으로 텐트가 날아가 버려 난감한 처지가 되고 일정에도 큰 차질을 빚었지만 '깔 짐 넘어졌을 때 쉬어 간다'고 했던가. 그 참에 밀렸던 빨래를 해결하고 잠도 실컷 보충했으니, 여행이란 때로 예기치 못한 파울 플레이로 전화위복을 만들어 가는 해볼 만한 모험이 아니던가.

날이 새고 다시 또 달렸다. 폴다, 예나를 지나 라이프치히까지를 이들은 '괴테의 길'이라 부른다. 그가 문학과 사랑에 심취하고 고뇌하며 걸었던 옛길을 우리가 자전거로 달리고 있었다. 죽도록 사랑했던 여인 롯데에게 실연당한 젊은 베르테르의 분노였을까, 가도 가도 끝없는 길이 산세마저 험한데 어찌하라고 장대비까지 퍼부었다.

다음 날 베를린 장벽 붕괴의 도화선이 됐던 촛불시위의 현장 라이프치히의 성(聖) 니콜라이 교회에서 함께한 특별 예배와 촛

불봉헌은 한 시대의 역사 현장이었기에 의미가 남달랐다. 그리고 울창한 튀링겐 숲으로 둘러싸인 아이제나흐는 음악가 바흐의 출생지로도 유명하지만 마르틴 루터가 숨어서 성서를 번역한 바르트부르크성(城)이 거기 있어 더욱 고즈넉했다. 그래서일까 세계의 여행자들이 많이 찾고 있었다.

때로는 너무 힘들었고 어느 날은 길을 잃어 헤매다가 유스호스텔을 찾지 못해 하마터면 노숙으로 밤을 새울 뻔 했던 기억들, 해가 쨍쨍하면 더위가 두렵고 비바람이 몰아치면 먹고 입고 자는 모든 것이 불편하기 짝이 없었던 나날들, 필설로 다 담아낼 수 없는 희비쌍곡선의 숱한 사연들이 주마등처럼 스친다.

종착지 베를린 입성을 하루 앞두었던 호반의 도시 포츠담은 우리에게도 결코 무관하지 않은 곳이다. 제2차 세계대전 말기인 1945년 7월 미·영·중 3국 대표가 모여 전(戰)범국 일본에게 '포츠담 선언'으로 무조건 항복을 요구했고 이어 8월에는 미·영·소 3국 원수가 다시 만나 종전 이후의 지구촌 분할에 대해 '포츠담 협정'을 선포했던 곳! 그때 그 협상테이블은 지금도 그 자리에 그대로 있건만 세계질서를 좌지우지했던 인걸은 오간 데가 없다.

긴 여정의 끝 베를린으로 향하던 날, 황금빛 찬란한 여신상을 지나 브란덴부르크 문(門)이 시야에 들어왔을 때의 환희와 감격을 생각하면 나는 지금도 가슴이 마구 띈다. 그 옛날 카이사르가 로마군단을 이끌고 진격한 이래 전쟁의 말발굽과 포성이 그칠 날 없던 갈등과 분열의 길을 우리는 자전거를 타고 평화를 노래하며 들어섰다.

그 힘의 원천이 오직 '낭만과 우정'에서 비롯되었음을 알기에 베를린 한인회의 소중한 벗 J. B. Kim에게 위로와 감사를 보내며 파리-베를린 2300km 사이클링에 마침표를 찍는다.

"당케 쉔(Danke Schön)."

무지개

후줄근 비 온 뒤
쌍무지개가 떴다
어디로 가는 길이
저리 고울까
아마도
하늘다리이겠지

- S별관 12층 7호

| 가을 |

백사실 산책
Alpinist
빛과 그림자
명승 제41호
풍류
루레이 동굴
편지
Maple Road

백사실 산책

　세검정 끼고 홍제천을 건너면 길이 조금씩 가팔라지면서 경복궁 쪽에서 넘어오는 자동차들이 줄줄이 매연을 뿜어 댄다. 언덕배기를 얼른 벗어나 왼편 주택가를 가로지르면 이내 계곡 쪽으로 난 한적한 산책로를 만나 한숨 돌린다. 조금 전까지 마뜩한 표정으로 대여섯 발자국 뒤따라오던 아내가 이제야 코가 시원하다며 성큼성큼 앞장을 선다.
　주말 오후 아내를 설득하여 산책에 나선 길, 근사하게 폼까지 잡았는데 시내버스를 비집고 탔으니 아내 입이 삐죽 나올 만도 했을 것이다. 이게 무슨 꼴이냐는 식의 떫은 표정으로 순간순간 얼굴색이 하얘지고 빨개지는 아내의 표정을 읽기가 날이 갈수록 어렵기만 하다.

급변하는 도시화로 대부분의 동네들이 옛 모습을 잃어 가고 있는 요즈음인데 이곳 종로구 부암동만은 서울 중심권이면서도 아직 예스럽고 정겨워서 좋다. 백사실에 들어서면 깊은 시간의 흔적을 간직한 채 맑음과 고즈넉함을 잃지 않은 풀과 나무와 돌들이 언제나처럼 반겨주어 기분이 좋다. 계곡 초입의 현통사를 지나 20분쯤 더 오르면 백석동천 중심인 별서(別墅) 유적지에 닿는데, 백석(白石)이란 중국의 명산인 백석산에서 유래했고 동천(洞天)은 산천으로 경치가 좋은 곳을 의미하였으니 이곳이 일찍 명승 제36호로 지정된 건 당연한 일이었지 싶다.

"별서라니 처음 들어보는 말이네" 하며 아내가 귀를 쫑긋한다. 가끔 불쑥 던지는 아내의 질문엔 당혹스러울 때가 많다. 특히 시도 때도 없이 꽃 이름과 나무 이름을 물어올 때면 난처하기 짝이 없다. 왜(?) 그것도 모르느냐는 식으로 눈길을 주면 '내가 무슨 만물박사인가' 싶어 야속도 하지만 변명 따윈 필요가 없어 애꿎은 물만 마셔 대곤 한다.

별서란 시내와 가까운 경관 좋은 곳에 한적하게 지어 놓은 일종의 별장으로 조선조의 세도가들이 그곳에 은거하며 자신의 세력을 이용해 정사에 영향을 행사했던 곳을 이르는 말이다. 임금님이 사는 경복궁 가까이에 이처럼 멋진 백석동천을 개인의 별서로 삼을 수 있었다면 당시 상당한 세도가의 행적이었음을 짐작할 수 있다. 아직도 옛 모습 그대로인 연못과 육각정의 초석이 제자리를 지키고 있어 흘러간 영화를 보는 것 같아 조금은 애달프기도 하다.

현통사와 별서 유적지를 지나 백석동천이라 새겨진 각자(刻字) 바위까지 돌면 대충 한 시간쯤 걸린다. 그다음은 졸졸 흐르는 물소리 따라 가장 편한 자세로 새소리, 바람 소리에 귀를 맡겨본다.

별서 유적의 사랑채였다는 그곳! 맞은편 산 중턱에 월암 큰 바위가 어렴풋하다. 한 달에 한 번 초승달이 뜰 때면 바로 그 바위 뒤에서 솟는다 하여 달 바위, 즉 월암(月巖)이라 이름했다고 한다. 그래서일까 백사실 계곡은 자연 그대로가 하나의 예술무대인 데다 생태문화 현장으로도 보존이 잘되어 있어 1급수 지표 생물인 도롱뇽과 가재까지 맘 놓고 살 수 있어 요즘 보기 드문 청정지역인 셈이다.

단순히 물 맑고 공기 좋은 계곡이 아니라 옛 선조들의 역사와 문화가 숨 쉬고 있는 공간이므로 나들이의 의미가 곱절이 되고도 남는다. "여보 그렇지 않아?" 하고 물어본 내게 아내는 "글쎄요, 곱절인지 열 곱인지…" 하며 알쏭달쏭한 표정으로 한마디를 남긴다.

日日看山看不足(일일간산간부족)
 / 날마다 산을 봐도 늘 부족하고
時時晴水廳無厭(시시청수청무염)
 / 언제나 물소리 듣건만 싫증 나지 않네
自然耳目皆淸快(자연이목개청쾌)
 / 자연스러운 눈과 귀는 맑고 상쾌해
聲色中間好養恬(성색중간호양념)
 / 그 빛과 소리로 편한 마음 가눠보네

고려 말 선비 충지(沖止)의 〈한중자경(閑中自慶)〉 중 한 대목을 꺼내 놓고 아내에게 또 물어보았다. 과연 새겨볼 만한 명구가 아니냐면서…

웬일일까 이번엔 쓰다 달다 한마디 대꾸가 없다. 해석까지 달아 놓은 글귀였으니 모를 리 없으련만 빤히 쳐다보고 있는 눈망울이 "세상 물정 좀 알고 삽시다" 하는 것만 같다. 하지만 어쩌랴, 그래도 계속 손잡고 다녀야 할 '그대 그리고 나'가 아닌가?

Alpinist

　우리나라에 귀한 손님이 다녀갔다. The Road Together(함께 가는 길)을 주제로 한 국내 유일의 울주세계산악영화제(UMFF)에 지구촌 산악계의 전설 라인홀드 메스너(Messner)가 노구에도 불구하고 이탈리아에서 날아온 것이다. 그는 1978년에 에베레스트(8848m)를 산소 없이 등정했고 1986년 로체(8516m)까지 히말라야 고봉 14좌를 모두 무산소로 완등한 신화적인 Alpinist(산악인)다. 그를 이렇게 소상히 기억하는 것은 카트만두에서 만났던 그에게서 진정한 알피니즘이 무언가에 대하여 깊이 감동한 바 있어서이다.

모든 사물에 신이 깃들어 있다고 믿으며 살고 있는 네팔 사람들! 그들에게 히말라야는 신성한 영역이었고 스스로를 한없이 낮추게 하는 경이로움의 대상이었다. 따라서 산은 결코 정복의 대상이 아니었다. 더구나 에베레스트 정상은 신성불가침이었다. 왜냐하면 태초 이래 인간의 발길이 닿지 않은 곳이었기 때문이다.

그랬던 그곳, 에베레스트 정상에 1977년 9월 CAC(한국산악회)의 산 친구 고상돈 대원이 태극기를 꽂고 귀국했을 때 온 장안이 떠들썩했었다. 그리고 한 세대가 지난 후 날아든 여성 산악인 오은선의 자이언트 완등 소식은 40여 년 전 고상돈의 쾌거 못지않은 기쁨을 안겨주었다. 히말라야 8000m급 14좌를 여성으로서 세계 최초로 모두 오르는 데 성공했다는 통쾌한 낭보였다.

그런데 호사다마(好事多魔)일까? 그녀와 앞서거니 뒤서거니 14좌 완등의 라이벌이었던 파사반(女, 스페인)에 의해 오(吳) 대장의 칸첸중가 정상 등정 사진이 석연치 않다며 UIAA(국제산악연맹)에 이의가 제기되면서, 가십거리 뉴스가 입방아에 오르고 말았다. 그 진위야 하늘과 땅이 알고 있을 터이지만 이유를 떠나 매우 유감스럽고 애석한 일이 벌어진 셈이다.

하지만 알피니즘이 무엇인지를 아는 사람이라면 그것에 대해 그다지 크게 무게를 두지 않는다. 왜냐하면 등반은 무상의 행위이며 결코 기록 경주가 아니라는 사실을 알기 때문이다.

히말라야의 고봉이 어떤 곳인가는 직접 올라본 사람이 아니고는 감히 상상이나 짐작조차 할 수 없는 곳이 아니던가. 오 대장이 하산했을 때 메스너가 네팔 카트만두 현지에서 그녀의 완등을 주저 없이 인정하고 축하해준 쾌거는 알피니즘의 웅변이었다.

알피니스트는 휴머니스트이어야 한다. 한 치 앞 생사를 가늠할 수 없는 극한지대에서 자신의 한계 상황과 맞섰던 자라면 같은 처지의 다른 사람도 인정하고 보듬어 주어야 마땅할 일이다.

하찮은 시비로 잠시나마 시끄러웠던 건 등산에 대한 철학의 빈곤이 아닌가 싶다. 고산 등반은 육체적 한계를 뛰어넘어야만 그제야 비로소 도달할 수 있는 정신적 고양의 세계이지 결코 계산적일 수 없다. 그렇지 않고서는 과거 300여 년 동안의 세계 등반사(史)에 찬란히 부침하고 있는 위대한 선배 산악인들의 의식과 행동을 설명할 길이 없다.

그녀에 대해 파사반이 시비를 건 것은 사진으로 볼 때 오 대장이 정상에 오른 다음 꼭짓점(Summit point)을 밟지 않은 것 같다는 이유에서였다. 대개의 경우 정상은 몇 평(坪) 되지 않는 얼음덩이로 만년설과 함께 바가지를 엎어놓은 듯 두루뭉술한 모양새다. 삶과 죽음의 그림자를 뛰어넘은 등정자에게 '시비'란 시빗거리가 될 수 없다.

14좌 완등 목표에 앞섰던 파사반을 바짝 뒤따르고 있던 오은선이 후반의 용맹정진으로 선두를 따라잡은 것은 한국인 특유의 끈기와 강인함 덕분이었을 것이다. 메스너도 "그렇게 추월할 수 있다는 게 얼마나 대단한 일인지 도대체 알기나 하느냐?"라고 일갈했었다.

이제는 잊힌 한때의 해프닝이었지만 한국을 처음 찾은 산(山) 친구 메스너를 대하니 그때 그 일들이 주마등처럼 스친다. 울주에서 막걸릿잔을 나누며 "등반에서 가장 어려운 기술이 무어냐?"고 물어보았다. 주저 없는 그의 대답은 간단명료했다. "무사히 집으로 돌아오는 것". 우문현답(愚問賢答)의 그는 철학자였다.

빛과 그림자

　얼마 전 인도 여행길에서 라자스탄의 비카네르(Bikaner) 사막 사파리를 마치고 돌아오던 날, 가이드 아저씨에게 민박을 부탁했고 그의 안내로 하루를 묵은 일이 있다. 민박집이라고 하기엔 지나치게 근사한 저택에 들면서 '이거 마(魔)에 걸려드는 것 아닌가?' 어리둥절했다. '설마 나쁜 짓을 하자는 건 아니겠지?' 긴장한 나머지 낙타 몰이 아저씨를 경계도 했지만 모든 게 기우였음이 감사하고 천만다행일 뿐이다.
　민박을 영업으로 하는 집은 아니었지만 알음알음으로 소개받은 외국인 한두 사람을 초청해 서로 다른 문화를 토론하기 좋아하는, 주인의 별난 삶이 깃든 그런 집에 사파리 아저씨가 이방의 한국인을 안내해준 것이었다. 지금 생각해보면 고마운 아저씨에게 감사 표시라도 해야 했을 일이다.

매우 향긋한 차이를 마시며 주인 마핸드라 씨는 한국에 대해 많이 궁금해했다. 경제대국, 박정희, 월드컵 코리아, 판문점, 현대자동차, SamSung, LG, 대장금, 태권도, 사물놀이, K-pop 등 이미 우리에 대해 많은 정보를 갖고 있는 그의 대화는 상식 그 이상이었다. 한국의 새마을운동을 배워 인도도 하루속히 신흥 부국이 됐으면 하는 대목에선 연민의 정마저 묻어났다. 그만큼 고뇌 또한 깊은 듯 보였다. 밤늦은 시간까지 이어진 대화에 온 정성을 다해 대한민국을 설명했다.

다음 날 찬찬히 살펴본 집 구조는 거실, 침실, 주방, 화장실 등의 고급스러움에 놀라지 않을 수 없었다. 서재를 장식하고 있는 책, 사진, 상패, 소품 등이 전직 관료 출신임을 말해주고 있었다. 백발에 구레나룻 수염까지 멋있었던 노신사를 대하며 인도를 새삼 인식할 수 있었던 그 집에서 뜻밖의 놀라움을 겪을 줄이야⋯.

주택은 문간채를 거쳐야 안채에 드는 구조였는데 문간채 대문

오른쪽은 하인의 거처였고 왼쪽은 개집이었다. 서로 마주 보고 있는 모양새가 비슷한데 한쪽은 사람이고 맞은편은 개가 들어앉아 있는 것이 달랐다. 하인의 방엔 나무 침상과 벽에 가족사진 한 장이 붙어 있었고 옷가지 몇 점이 걸려있을 뿐이었다. "이게 세간의 전부이냐?"고 물어봤더니 "더는 무엇이 필요하냐"고 되묻는데 순간 물어본 내가 머쓱해지고 말았다.

아무리 신분의 차이가 크다 하더라도 하인의 거처가 개집과 비슷할 정도로 극명할 수 있단 말인가? 역사책에서 배웠던 그러나 지금은 없어진 구습이라 알고 있는 이 나라의 '카스트 제도'가 엄연히 존재하고 있는 현장이었다. 안채의 브라만과 문간채의 불가촉천민을 한 집에서 한 눈으로 봐야 하는 현실이 마음을 무겁게 했다.

다행히 더듬더듬 영어를 말할 줄 아는 하인 '싸딕' 이었기에 조심스레 "집엔 일 년에 몇 번이나 가느냐"고 물었다. 명절날 한 번인데 그것도 주인댁이 바쁘면 못 간다고 한다. 그런 그가 안됐다는 생각에 "싸딕, 불쌍해서 어쩌지?" 했더니 뜻밖에도 외려 나를 당혹스럽게 만든 그의 말은 "아니야, 난 괜찮아. 그리고 행복해."라는 해맑은 대답이었다.

다시 쳐다보았다. 그는 정말 행복한 미소를 띠고 있었다. 일

빛과 그림자 93

년에 한 번, 그것도 여건이 여의치 못하면 갈 수 없는 현실이라면 짜증 섞인 불만을 토로할 법도 하건만 싸딕은 모든 게 시바 신(神)의 뜻이라며 평온한 얼굴이었다. 아무렴 그래도 그렇지 어찌 짜증이 나지 않느냐고 참지 못해 또 물어보았더니 자기에게는 사랑하는 아내와 예쁜 아이 둘이 있다며 그들이 가족이라는 사실과 언젠가 만날 수 있다는 생각만 해도 행복하다고 했다.

그는 가진 것도 많지 않고 아내와 자식도 마음대로 만나지 못하는데 도대체 무엇이 행복하다는 말일까? 나는 그런 그가 어찌 행복할 수 있는지 납득이 가지 않았다. 아라비아 사람에게는 알라신이 있듯이 이들에게는 시바 신이 있어 인간사 길흉화복이 죄다 신의 뜻이라는 믿음으로 산다고 하더라도 어쩌면 티끌 한 점 없이 그리 담담할 수 있을까?

지금도 그 생각에 잠기면 가슴이 뭉클함을 숨길 수가 없다. 여행 중에 만난 사람들 가운데 가장 천진했던 싸딕의 미소를 떠올리면 도대체 행복이 무엇인지 알 듯 모를 듯, 오늘도 빛과 그림자의 늪에서 서성인다.

명승 제41호

    오랜만에 타본 전라선, 기억 저편의 학창 시절 무전(無錢)여행을 추억하며 순천에 갔다. 몰라보게 변한 시내와는 달리 예나 다름없는 바닷가 그곳은 갓 잡은 생선 비늘처럼 반짝인다. 바람을 몰고 배가 뜨니 다도해의 섬들이 섬 사이로 뱃길을 내주느라 바쁘다. 바라만 보고 있어도 서울에서의 오종종했던 마음들이 죄다 사라지는 것 같아 여기 오길 잘했다 싶다.

    그곳에 고흥반도와 여수반도의 지맥이 남쪽 바다로 가라앉으면서 동천하구에 생긴 아주 넓은 습지 순천만 갈대밭이 있다. 숲이 산(山)에만 있으란 법이 어디 있느냐는 듯 바닷가 드넓은 습지의 아름다운 갈대 군락이 어서 오라 반긴다. 언제 어디서나 숲은 우리들의 마음을 편안케 해주어 참 고마운 존재다. 찾는 이들의 편의를 위해 마련된 조그만 목선에 몸을 싣고 노를 저으며 수로 따라 여기저기 돌아보는 재미가 여간 쏠쏠하지 않다.

갈대숲 사이 갯벌 생물들을 가까이서 볼 수 있어 좋고 그러다가 철새들의 군무를 만나면 함께 비상(飛上)하는 기분까지 든다. 갯벌엔 짱뚱어, 쏙, 망둑어 등 수많은 종들이 켜켜이 층을 이루며 살고 있다. 그러고는 서로 공생하자며 하늘을 나는 철새들도 몰려들인다. 먹황새, 깜짝도요, 개개비 말고도 지금은 희귀조가 돼버린 큰고니까지 한 축 끼어들면 장관이 따로 없다. 늦은 감이 없지 않으나 바닷가 연안 습지 갈대숲으로 '세계 람사르 협약'에 당당히 이름을 올린 건 국내 최초의 영광이기도 하다.

갈대군락 사이를 숨바꼭질하듯 돌아보는 재미도 크지만 언덕 위 용산 전망대에 오르면 더욱 기가 막히다. 동쪽 와온에서 서쪽 화포해변까지 눈부시게 일렁이는 갈대숲의 거대한 파도는 말할 것도 없거니와 빨간 노을에 비친 S자형 수로와 그 가운데로 목선 한 척이 물길을 가르는 모습은 영락없는 한 폭의 그림이다. 철새들이 갯벌을 박차고 하늘 높이 비상하는 바로 그곳! 어느 것 하나 놓치고 싶지 않은 멋스러움이 과연 대한민국 명승 제41호답다.

이처럼 아름다운 자연경관이 우리 곁에 많이 있음에도 국가지정문화재로 인정된 명승지는 고작 백여 곳 남짓이라고 한다. 같은 한반도이면서 북한에는 현재 3백 곳이 넘는 명승이 있고 이웃나라 일본은 6백여 곳의 명승을 자랑하고 있다.
우리나라는 예부터 금수강산이라는 또 다른 이름이 있었다. 이는 사계절이 뚜렷하고 철 따라 고운 옷을 갈아입을 줄 아는 매력 있는 곳으로, 비단에 수를 놓은 듯 아름다운 산천이었기 때문이다. 그토록 보배로운 한반도이기에 최근에는 제주도가 '세계 7대 자연경관'으로 선정되지 않았던가. 우리 국토의 아름다움이 세계적인 명승에 손색이 없음을 보여준 쾌거다.

시야를 잠깐 우리 주변으로 돌려보면 이웃 동네에 있는 마을 숲 중에도 아름답고 유서 깊은 곳이 도처에 많다. 마을 숲이 지니는 가치와 의미는 대개가 전통적 특성으로 그 안에 솟대, 장승, 석탑, 오리, 돌담, 서낭당 등과 같이 토착신앙을 상징하는 요소들도 많으며 마을과 연관된 유서 깊은 사연이나 풍습을 비롯한 놀이 등 다양한 전통문화가 깃들어있다.

명승이란 경관이 좋기로 이름난 곳과 역사적 풍수적 자연미적 가치가 빼어난 곳을 일러왔다. 따라서 그 형성 과정이나 분포된 고유성이 우수한 곳임에도 등잔 밑이 어두운 것처럼 미쳐 그 진면모를 발견하지 못해 숨겨진 곳들에 대하여 세심한 애정을 경주해볼 일이다.

방방곡곡 산과 해안과 섬들의 자랑스러운 가치와 특성을 찾아내 새롭게 의미를 부여함으로써 머지않아 더 많은 곳이 각광을 받아 훌륭한 명승지로 새롭게 태어날 것을 믿어 의심치 않는다.

한때는 무관심 속에 버려졌던 해안 습지라 골칫거리로 전락했던 순천만이었다는데, 새로운 시각으로 고정관념을 깨뜨리고 지혜를 모은 결과 오늘에 이르러 갈대숲의 정형으로 거듭난 그곳의 값진 실천사례야말로 우리 모두에게 자연 사랑의 가치에 대한 귀감이 아닐 수 없다. 아무리 아름다운 꽃이라도 그에게 다가가 꽃이라고 불러줬을 때 비로소 꽃이 되었노라고 노래한 시인도 있었다. 유구한 역사와 함께 본래부터 아름답고 빼어났던 곳이 바로 우리 강산이 아니던가.

풍류

　말만 들어도 기분 좋은 말, 풍류(風流)다. 그런데 낱말 속의 '바람 風' 자가 가끔 향기롭지 못하게 비유되고 있어 안타까울 때가 많다. 적어도 예전엔 양반 중에서도 상당한 수준이 아니면 풍류를 입에 담지도 즐기지도 못했을 꽤나 품격 있는 정서 중 하나였을 텐데 아쉽다.
　본디 풍류란 선비들이 마음을 달래며 허물없이 시(詩), 서(書), 화(畵)를 담론 삼아 정을 나눠왔던 것이 시원(始原)이다. 땅 위의 것은 대개가 고정돼 있어 그 구별이 쉽지만, 하늘의 바람은 고정되어 있지 않고 큰 하나의 통속이라 풍류의 어원을 하늘 바람이라는 뜻의 풍(風)과 흐름을 의미하는 류(流)에서 얻었으니, 오늘날 세속에서 말썽이나 부리고 있는 그런 바람과는 근본이 다르다.

오래전부터 조상님들은 정신적 고향을 하늘에 두었기에 '하늘에서 왔다가 하늘로 돌아가는 인생'이라 여기며 살아왔다. 그 하늘 바람에 바탕하고 있는 풍류가 우리네 삶에 젖어 들면서 희로애락을 함께해온 것은 지극히 자연스러운 일이었을 것이다. 즉 하늘마음을 닮으려는 사람들이 한마음으로 통했다고나 할까? 한마음으로 사는 사람은 하늘마음으로 사는 사람이므로 그가 곧 하늘인 셈이다. 바로 인내천(人乃天) 사상의 시원이 아닌가 싶다.

그 한마음을 시대정신으로 삼아 풍류의 근본을 적극 되새겨 마땅할 일이다. 그런데 안타깝고 부끄럽게도 우리 근대사에 일제강점기를 견뎌야 했던 암흑기의 어두운 그림자가 가끔 걸림돌로 남아 마음을 아프게 한다. 왜냐하면 을사늑약 이후 일부 몰지각한 자들의 자학적인 식민사관으로 조선 선비들의 올곧은 풍류와 미풍양속을 폄훼(貶毀)하고 왜곡(歪曲)시킨 나머지 민족의 정체성마저 말살시키려 했던 아찔함이 있었기 때문이다.

하마터면 침략자들에 의해 산산이 부서질 뻔했던 한마음 정신의 풍류였기에 돌이켜볼수록 천만다행이라는 생각을 떨칠 수가 없다. 이제는 정신 바짝 차리고 미래지향적인 한(恨)의 회복에 모두가 마음을 하나로 모아볼 일이다. 그런 마음들이 무르익는 날 세계화에 앞장서고 있는 '한류' 또한 신명이 두 배 될 것은 물론, 더 큰 빛으로 지구촌 곳곳을 밝혀나갈 것을 믿어 의심치 않는다.

풍류를 생각하면 우리 민족의 한(恨) 의식을 짚어보지 않을 수 없다. 왜냐하면 풍류는 한국인의 한의 정서와 은연중 맞닿아있기 때문이다. 일반적으로 한은 지난 일이 원망스럽거나 억울하게 여겨져 맺힌 응어리를 말하고 있으나 진정한 의미의 한은 응어리진 것을 풀기 위한 앙갚음이나 보복이 아니라 오히려 그런 것들을 뛰어넘고자 하는 초월적 노력이요 미래지향적 에너지이기 때문이다.

한(恨)을 미래지향적인 에너지로 표현하고 싶을 때 우리는 남녀노소 구분 없이 하나 되어 신바람을 일으킨다. 지구촌 만인의 축제였던 2002 FIFA 월드컵 경기와 2018 평창올림픽을 치르면서 충분히 경험도 했다. 우리 스스로도 놀라고 세계인을 더욱 경이롭게 만들었던 당시의 상황을 외신들은 다투어 '한국인의 멋'이라고 보도하면서 찬사를 아끼지 않았다. 바로 풍류의 진면목을 유감없이 보여주었고 지구촌의 이웃들은 이를 제대로 알아본 것이다. 우리가 한을 풀어낼 때 너와 나의 감명은 하늘을 찌르고 공명은 무아의 경지에 이르며 우리 모두는 신명으로 하나가 된다.

　풍류를 아는 사람은 전통 민속놀이 중 줄다리기의 역설을 안다. 힘센 쪽은 잡아당긴 만큼 뒤로 물러서며 이겼다고 좋아하지만 상대는 비록 끌려갔지만 그만큼 저들의 영토를 차지하면서 앞으로 나아간다. 곰곰이 생각할수록 오묘하기 그지없으며 우리네 삶의 궤를 짚어보게 하는 대목이다. 풍류가 추구하고 있는 궁극의 목적은 오직 단순한 멋이 아니라 상생의 조화에 있다는데 범부인 우리가 심오한 그 깊이를 알 길 없어 부끄러울 뿐이다.
　풍류는 땅 위의 모든 것을 싸안고 있어 포용적이고 하늘마음이라 고고함이며 나아가 지상에 국한돼 있지 않으므로 초월적이다. 올곧은 선비정신으로 평화롭고 행복한 국운(國運)을 바라 맞이하는 지혜(智慧)와 용기(勇氣)가 그 어느 때보다 절실한 '오늘'이다. 시절이 하 수상해서일까, 가슴 저미도록 품어 안고 싶은 풍류(風流)가 그립다.

루레이 동굴

　뉴욕 큰아들네 집에 들렀을 때다. 2주쯤 쉬고 난 후 용감한 여행길에 나섰다. 필라델피아와 워싱턴 D.C.를 거쳐 81번 하이웨이를 타고 버지니아를 지나 남쪽으로 한참을 더 달렸다. 그곳에 태곳적 동굴이 기가 막히게 잘 보존돼 있다는 자랑에 단양 고수동굴이나 삼척 환선굴과 뭐가 다를까 싶어 심드렁했으나 "가서 보시면 후회하지 않을 것"이라는 게 아들 내외의 강권이었다.
　세넌도어 국립공원 루레이 동굴 입구까지 헷갈리지 않게 264번 출구로 정확히 나갈 수 있도록 안내하고 있는 미국식 도로 표지판이 고맙고 부러웠다. 입장권을 사고 줄을 섰다. 금방 들어갈 줄 알았는데 그게 아니었다. 알고 보니 20분 간격으로 30명씩만 입장을 시키면서 그룹마다 카우보이 차림의 해설사가 인솔하고 있었다.

기다림 끝에 겨우 입장을 했는데 초입에서 관람요령과 주의사항 전달이 7분을 넘긴다. 절대 큰소리 내지 말 것과 안전용 가드레일에 기대서도 안 되며 만약 담배를 피우거나 종유석을 만졌을 경우는 즉시 퇴장에 벌금이 1000불(약 120만 원)이란다. 그 정도면 이 나라의 당연한 공공의식 수준인데도 그간의 고정관념으로 지나친 규제가 갑갑하고 지루했던 그때를 생각하면 지금도 부끄러운 마음이다.

동굴 속을 거닐다 보면 시간의 깊이에 빠져들기 일쑤다. 겨우 인생 80인 우리네 삶에 비하면 동굴이 생성된 몇억 년 단위의 세월은 상상만으로도 숨이 멎을 듯 버겁다. 광속으로도 수년이 걸린다는 밤하늘의 은하계를 보며 어린 시절 무한공간을 상상했던 것처럼 우리는 지금 동굴 속에서 억겁(億劫)의 세월이 존재하였음을 몸으로 느낀다. 종유석이며 석순들을 원형대로 보존하기 위해 이들은 상상 이상으로 필사적인 노력을 하고 있었다.

황금색이거나 아니면 순백의 극치미가 종유석의 본래 모습이었음을 저토록 극명하게 보여주고 있는데 대부분의 강원도 석회암 동굴들이 시멘트를 부어놓은 듯 회색으로 존재하는 것은 방치된 관리 부재와 무질서로 인한 변질이 아니었나 싶어 가슴이 먹먹했다.

　내려갈수록 조금 추웠다. 무수한 종유석들이 아름드리 돌기둥에 비단커튼을 드리운 듯 궁중 황실을 연상케 하더니 다양한 모양의 형상들이 참 많기도 하다. 표주박이 매달린 것 같기도 하고 빛을 받으면 반짝이는 천정이 있는가 하면 아이스크림 모양의 석순에 모래시계를 닮은 것은 자그마치 나이가 15억 년이라고 설명한다.
　어디선가 물이 졸졸 흐르더니 동글동글한 휴석(休石) 위로 웅덩이를 만들고 안내판엔 '거울연못'이라 쓰여 있었다. 아니나 다를까 바닥까지 훤히 들여다보이는 수면 위로 반대편 사람이 거울처럼 비치고 있는 모습이 영락없는 명경(明鏡)이다. 물이 얼마나 깨끗하면 저런 현상이 나타난단 말인가. 자연보호는 말로 하는 것이 아니고 인간이 머리로 하는 것은 더욱 아니며 있는 그대로를 두고 보는 것만이 최선임을 일깨워준다.

산소의 밀도가 다른지 공기의 질감조차 눅눅한 게 꽤나 깊이 내려온 듯 조금 갑갑하다. 어느새 2시간이 지나고 있었다. 배구 코트만 한 공간에 다다르니 턱시도 차림의 신사가 "웰컴 투 유~" 미소로 맞이하고는 잠시 의자에 앉기를 권한다.

"참으로 멀리 찾아온 여러분께 지금부터 VIP급 피아노 연주로 환영을 하겠다"며 모자까지 벗어 인사를 한다. 이어 환하게 은빛 조명이 비쳤고 그곳에 그랜드피아노가 떡하니 놓여 있었다. 그리고 여느 음악회와 같이 피아노 연주가 시작되었다. 비록 5분 정도의 라이브 쇼였지만 그게 특수한 기술로 피아노 건반과 크고 작은 종유석을 전선(電線)으로 연결시켜 때려줌으로써 석순에서 나는 높고 낮은 자연음(自然音)이 오케스트라를 연주하듯 경쾌한 행진곡으로 울려 퍼진 것이다.

아무리 생각해도 너무나 신비스러운, 아니 믿기지 않는 '동굴 속 종유석 피아노 연주'의 진풍경이었다. 인간을 생각하는 갈대라고 하였지만 어쩜 이럴 수가 있단 말인가? 지구촌의 희고 검고 노란 일행들이 벌어진 입을 다물 줄 모른다. 단순한 동굴 구경에 그치지 않고 고차원의 아이디어로 인간과 자연이 어떻게 조화를 이뤄야 아름다운지를 웅변해 준 산 교육장이었다.

해가 설핏한 동굴 밖은 이름 모를 새들이 저녁 차비로 요란하다. 다람쥐, 거위들도 다 바쁜데 꽃사슴 몇 마리가 서로 친구 하자며 동방의 길손을 졸졸 따라다닌다. 세넌도어 산마루에 빨간 노을이 산 그림자를 길게 드리운다. 산 넘어 산들이 지리산 노고단을 닮았다. 갑자기 이 세상에 둘만 존재하고 있는 것 같아 아내 얼굴을 물끄러미 쳐다보았다. 두 볼이 노을빛이다.

루레이 동굴 가는 길…

편지

　　배낭여행자들 사이에서는 '눈썹도 무겁다'는 말이 있다. 그만큼 힘들고 행로도 만만치 않다는 얘기일 것이다. 그럼에도 내 배낭엔 데생(Dessin)도구만은 꼭 챙긴다. 낯선 여행지에서 짬짬이 스케치를 한 다음 엽서에 편지를 쓰고 그 나라의 색다른 우표를 붙여 우체통에 넣곤 한다. 지인들로부터 그거 귀찮지 않으냐는 질문을 받기도 하지만 의미 깊고 재미도 있다며 '해보면 단박에 알 것'이라고 자신 있게 말한다.

　　여행지에서의 편지 쓰기는 하나의 작은 의식이다. 특히 가족과 자신에게 보내는 것도 빠뜨리지 않는다. 이는 나름의 엄숙한 예(禮)이기도 하다. 역사의 현장이나 성지의 모습을 골라 그때의 단상과 자신을 향한 격려 혹은 탁마(琢磨) 한마디쯤 적는다. 언젠가 티베트에서도 그렇게 보냈었다. 보통은 3~4주 후쯤 도착이 되는데 그 편지는 까마득하게 잊고 있던 어느 날 깜짝 배달되었다. 엽서에는 신비스러운 포탈라궁의 모습과 함께 "걱정을 해서 / 걱정이 없다면 / 걱정을 않겠네 / 옴 마니 반메 훔"이라 적혀 있었다.

해발 3650m 하얀 어머니 산에 기대어 살고 있는 그곳은 고소병으로 숨쉬기조차 버거운 히말라야 산자락이다. 티베트인들이 허구한 날 마니차를 돌리며 외우는 격언이라 적어봤던 글귀였는데 석 달이 지나고 나서 뜬금없이 배달된 탓이었을까? 분명 내 글이었음에도 마치 티베트에서 만나 함께 트레킹 했던 길동무 탁닉 도반이 보낸 것처럼 묘(妙)한 느낌이었다. 만약 전생과 이생이 존재한다면 이런 것일까.

편지 하면 국민(초등)학교 시절 국군장병 아저씨에게 썼던 위문 편지가 최초이지 싶다. 어떻게 써야 하는지를 몰라 여럿이 똑같은 걸 베꼈던 기억도 새롭고 그 후에 여자아이들에게만 답장이와 '얼라리~ 꼴라리~' 흉보며 골려 대다가 울음보가 터지는 바람에 선생님으로부터 벌을 받았는데 무릎 꿇고 두 손을 들었음에도 낄낄대며 웃었다고 화장실 청소까지 했던 기억이 어제 일만 같다.

요즘은 글로벌 인터넷 시대다. 주체할 수 없이 많은 정보를 더 빠르게 더 많이 공유하지 못해 온갖 방법과 수단들이 동원되고 있다. 제대로 읽어볼 새도 없이 안부 문자가 홍수처럼 밀려온다. 하지만 내용을 보면 너무 건조하여 진득함이 없는 것 같아 아쉽다. 세련된 문구가 아니더라도 종이에 꾹꾹 눌러쓴 손편지의 추억은 이제 기억 속 화석으로나 남을까? 어쩌다 관광지에 가면 '느린 우체통'이 있어 그래도 편지의 명맥은 이어질 것 같아 스스로 위안을 삼곤 한다.

'부모님 전상서, 조석(朝夕)으로 일기 불순한데 그간 기체일향만강(氣體一向萬康)하신지요? 소자(小子) 염려지덕으로 건강히 공부 잘하고 있습니다 … 중략 …' 무슨 옛날얘기인가 싶지만 내 학창 시절 서울에서 고향 집으로 보낸 하숙비 청구 겸 안부 편지 첫 구절이다. 그때는 이메일도 핸드폰도 없던 시절이었고, 교환을 거쳐야 연결되는 시외(市外)전화가 너무 힘들고 불편해 편지가 최선의 수단이었다. 그렇기 때문에 정성껏 격에 맞춰 글을 쓰지 않고

"하숙비 보내주세요" 하는 식으로 내 요구(?)만 적어 놓으면 제때 송금을 받지도 못했을뿐더러 '근본 없는 녀석'이라는 훈계를 듣기도 했다.

중학교에 진학하고 가장 새로웠던 건 한문과 영어를 공부하는 것이었다. 낯선 외국어를 배우면서 신기한 딴 세상을 만나 동서고금의 현자와 영웅들 이야기 그리고 사자성어에 얽힌 사연들을 듣고 있으면 역사 속을 종횡무진 휘도는 것 같아 신났었다. 그렇게 재미를 붙이고 관심을 갖게 되면서 어렵지 않게 〈명심보감〉도 떼고 「다이제스트」에 빠지기도 했다.

청소년 시절 자연스럽게 동서양 고전을 읽으며 깨달은 문(文), 사(史), 철(哲)의 엄중함은 평생의 든든한 버팀목이 되었다. 그 안에 오묘한 삶의 지혜가 얼마나 많이 담겨 있는지는 이스라엘 백성들이 〈탈무드〉와 함께 살아가고 있음과 다르지 않을 것이다. 스마트폰도 있고 카톡도 있는데 편지가 왜 필요하냐고 묻는 아이들과 생활하기가 자꾸 힘들어지는 요즘, 지식과 지혜가 왜 다른지를 설명하고 싶어 이야기를 꺼내보지만 반가워하지 않는 눈치다. 조금 서운하지만 어쩌랴, 내 마음 내가 달랠 수밖에…! 이 가을 자랑스러운 우리나라 천고마비의 구름 한 점 뚝 떼어 지구촌 길동무들에게 편지나 써야겠다.

Maple Road

  단풍은 어미나무에 바치는 잎새들의 마지막 축제라고 했던가? 그 축제의 계절이 온 누리를 붉게 물들이고 있다. 우리나라엔 예부터 천고마비에 천하제일 금수강산을 자랑했고 가을 금강을 일러 풍악(楓嶽)이라 예찬하기도 했다. 그런데 나라의 상징인 국기(國旗)에까지 단풍잎이 떡하니 올라있는 경우도 있으니 그곳이 바로 캐나다(Canada)이다. 밴쿠버 주변이나 로키 마운틴을 생각하면 침엽수림의 장대함이야 두말할 나위가 없지만 굳이 단풍이라면 크게 자랑할 것도 별로 없지 싶었다. 왜냐하면 우리나라의 가을 설악이나 오대·지리·내장산 단풍 정도면 축에 빠질 것 같지 않아서였다. 그런데 그 생각이 여지없이 무너지고 말았다.

　46년 전 일찍이 캐나다로 떠났던 죽마고우 K의 초청으로 토론토에 갔을 때, 아~ 단풍! 여기도 저기도, 아니 온종일을 차로 달려도 온 산하가 죄다 단풍이라니. 하늘 아래 온 세상이 온통 울긋불긋 단풍 천지일 뿐, 굳이 단풍을 입에 담고 필설로 그려볼 필요조차 없었다. 캐나다 동부는 서부와 그렇게 달랐다. 서쪽 태평양 연안에서 동쪽 끝 대서양에 이르기까지 자동차로 열흘을 달려야 하고 비행기로도 다섯 시간을 날아야 하는 세계 2위의 넓디넓은 대륙이 새삼스럽기까지 했다.

　구시가지 전체가 유네스코 세계문화유산으로 등재된 퀘벡(Quebec City)은 캐나다 속의 프랑스였다. 영어보다 프랑스어가 많았고 간판이나 도로 표지판도 프랑스어가 더 크게 표시되어 있었다. 그래서일까 잊을 만하면 분리 독립을 외치는 바람에 가끔 해외토픽을 장식하며 이목을 끌었던 도시다. 역시 세인트로렌스강변의 메이플 로드에 넘치지도 모자라지도 않게 들어선 예쁜 가게들이 아기자기한 가운데 요새처럼 우뚝한 샤토 프롱트낙 호텔은 드라마 '도깨비'에서 익히 보았던 대로 퀘벡의 랜드마크 그 자체였다.

　단풍 따라 단풍길로 이어진 몬트리올(Montreal) 역시 아직 프랑스풍이 곳곳에 남아있었다. 연간 200만 명이 찾는다는 캐나다에서 제일 큰 성 요셉 성당과 화려한 외관이 고딕 양식으로 절묘하게 조화를 이룬 노트르담 대성당 그리고 구시가지의 중심인 자크 카르티에 광장의 여러 종류 단풍나무들이 자작나무, 벚나무, 갈참나무, 굴피나무와 무리를 이루며 메이플 로드의 중심을 뽐내기라도 하듯 울긋불긋 불타고 있다.

　그 길 따라 다가선 오타와(Ottawa)는 캐나다의 서울이라서인지 영어 간판들이 눈을 편하게 해주었다. 오타와강과 리도 운하 양안의 단풍길을 걷거나 자전거로 달리는 젊음들이 싱그럽다. 시내에만 공원이 300여 개나 된다는 녹색의 도시 오타와의 랜드마크는 국회의사당 앞 '영원히 꺼지지 않는 불'이다. 정치집회로 시끄러운 데다 시위꾼들 때문에 분위기까지 험악해진 서울 여의도 국회의사당과는 달라도 너무 다른…, 마치 여느 공원에 단풍놀이 나온 것처럼 캐나다 국회의사당 광장을 거니는 시민들을 보면서 '딴 세상'이 이런 건가? 자꾸만 뒤를 돌아보게 했다.

　강(江)인 듯 호수인 듯 바다인 듯 그런 곳에 물수제비를 떠 놓은 것 같은 크고 작은 천(千) 섬(島)이 사이좋게 캐나다와 미국령(領)을 국기 하나로 표시해 놓고 국경도 없이 드나들며 이웃하고 있다. 한 폭의 그림인들 이보다 더 아름다울까? 빛 고운 단풍 속에 올망졸망 숨겨진 예쁜 별장들이 참 많았던 킹스턴 1000섬의 모습이 비현실적으로 느껴졌던 기억을 떠올리면 지금도 꿈만 같다.

    토론토에 정착한 친구는 잔디깎이부터 시작해 정원 관리와 그로서리(기념품 가게)를 17년간 운영한 후 슈퍼마켓을 아내에게 맡기고 호박 농사에 전념했는데, 10월 핼러윈이 다가오면 호박이 C$(캐나다 달러)를 넝쿨째 가져다주어 행복했었다고 회상한다. 그와 함께 찻잔을 마주한 곳은 나이아가라 로열 프린스 호텔 스카이라운지였다. 젊은 날 땀 흘리며 호텔 정원의 잔디를 깎으면서 언젠가 꼭 저 높은 곳에 올라 커피를 마셔보리라 백 번도 더 다짐했다던 바로 그 라운지! 미국 쪽으로 넓게 트인 창밖이 장관이다. 메이플 로드의 끝자락 나이아가라 폭포에 걸린 쌍무지개가 손짓한다. "친구여 영원하라"라고…

단풍

어미나무와 이별하는 건

시리고 아픈 것

하지만 때 되어

고운 자태로 홀연히 떠나는 건

더없이 아름다운 것

― 막내랑 혼수랑

| 겨울 |

초딩 동창회
병치레
신부님 영전에
가치의 차이
세대 차이
적도의 땅
별난 공연

초딩 동창회

　국민(초등)학교 동창회에 갔다. 서울에서지만 고속도로 덕분에 2시간 반이면 족하다. 읍내 금산(錦山)초등학교에 다다르자 "모교 제8회 졸업생 환영" 현수막이 가슴을 설레게 한다. 그런데 그 넓디넓었던 운동장이 손바닥만 하게 줄어든 건 어찌 된 영문이며, 크고 높았던 계단들이 왜 이리도 낮아졌을까. 나이 들면 '시각기억'이 왜곡된다더니 그래서일까?

　교장실엔 이미 열댓 명이나 와있었다. '쟤가 누구더라?' 분명 낯익은 얼굴인데 이름이 얼른 떠오르지 않는다. "야~! 너 인철이 아냐?" 하며 달려드는 목소리를 들으니 그제야 번득 생각이 난다. "이게 누구야! 오리정에 살던 정용이 맞지?" 모두들 초로의 중후한 모습들인데 내면에서 자꾸만 꼬맹이 때의 앳된 얼굴과 몸짓들이 아른거린다. 순서도 없는 이야기는 어느새 코흘리개 시절로 돌아갔고 손짓, 발짓 열을 내는 모습들이 어리광스럽기까지 하다. "야, 자"로 시작된 대화들이 어느새 자연스럽게 "이 새끼, 저 새끼"가 되었다.

"제가 교장입니다. 우리 학교 23회 졸업생이니 새까만 후배가 되겠지요."라며 깍듯이 예를 갖추는 교장 선생의 모습이 격세지감을 실감케 한다. 대선배님들께서 오랜만에 모교 찾아 고향에 잘 오셨다며 인삼골 아니랄까 봐 인삼차(茶)를 주전자째로 내놓으며 그간의 학교 발전상과 현황을 브리핑한다. 올해로 벌써 69회 졸업생을 배출했다니 감회가 새롭다.

여전히 성질 급한 창수가 후배 교장에게 한마디 한다. "아니 우리 학교 운동장이 왜 이렇게 작아졌습니까?" 딴엔 나도 아까부터 그게 너무나 궁금했었다. 어린 시절 가을 운동회 날, 이어달리기에 나가면 운동장이 너무나 커서 골인 지점이 까마득했었다. 100m가 멀다고 징징대며 우는 여자아이도 있었고 달리기 중간에 넘어진 일도 허다했었다. 그뿐만이 아니다. 칠판과 교탁, 책상과 의자 그리고 뒤편에 있던 청소함과 반 친구들의 번호가 붙어있던 사물함까지 그 모두가 저토록 작진 않았던 것 같은데, 꼭 애들 장난감처럼 올망졸망한 게 자꾸만 웃음을 자아내게 한다.

그 조그만 교실에서 참 많은 일들이 벌어졌었다. 나무 마룻바닥이었던 교실에 양초를 칠해 출입구를 반들반들하게 닦아놓고 선생님을 넘어지게 한다거나 환경미화를 핑계로 교실 뒷벽을 그림판으로 만든 건 다반사였으며 청소함의 싸리 빗자루는 칼싸움 할 때 최고의 무기였다. 겨울철이면 조개탄이 타닥타닥 타들어가는 드럼통 난로의 온기에 교실이 떠나갈 듯 쿵쾅거리며 뛰어놀다가 선생님께 들켜 복도에서 손 들고 벌을 서기 일쑤였다. 그럼에도 키득키득 웃음을 참지 못해 매를 벌면서도 장난질은 그치지 않았었다.

하지만 기특했던 추억도 많다. 수업이 끝난 후에도 운동장에 나가 놀지 않고 해 질 녘까지 남아 글짓기 선생님 밑에서 무언가 쓰고 또 썼던 나날들, 그래서 조금은 색다르고 그러나 지루했던 오후의 시간들, 운동장에서 함성을 지르며 공을 차는 동무들이 부러워 작문(作文)하다 말고 자꾸만 창밖을 훔쳐보곤 했던 일들…

그랬던 교실의 의미가 진학을 하면서 달라졌다. 철없이 까불던 놀이공간에서 조용히 공부를 해야 하는 곳으로 바뀌어 간 것이다. 그럼에도 햇살 좋은 봄날이나 바람 살랑거리는 가을철엔 몸은 교실에 묶여 있으면서도 마음은 창문을 넘기 일쑤였다. 텅 빈 운동장을 바라보면서 내일의 희망을 가슴에 새겨봤던 순간들도 어렴풋하다. 많은 상념들이 오갔던 교실은 사춘기적 내 삶의 논산훈련소(?)였다.

삶의 길이에 대한 느낌은 살아온 세월과 반비례한다고 했던가? 코흘리개 땐 하루해가 영원히 끝나지 않을 것처럼 길었는데 이제는 일 년도 한나절처럼 후딱 지나가 버린다. 젊음이 충만할 땐 자신이 시간을 요리해 썼으나 이제는 반대로 시간에 끌려가는 것 같다.

교실은 학생들이 공부하는 방이며 선생님으로부터 배움을 구하는 성역이었고 스승이 제자에게 지식을 전수도 하지만 삶의 지혜를 일러주는 곳이기도 했다. 이를테면 사람이 사람으로서 갖추어야 할 교양과 상식, 인간답게 살아갈 수 있는 인성을 쌓았던 보배로운 창고였던 것이다.

철없던 추억이 그립고 아직 건강들 하니까 한 번이라도 더 만나보자는 고향 친구들의 진득한 마음에 서울에서 강릉에서 부산에서 달려온 죽마지우들! 영수가 다 같이 건배하자며 술잔을 높이 들어 "빠삐용~!" 하고는 "빠지지 말고 삐지지 말고 용서하며 살자"라고 해석까지 일장 연설이다. 이심전심이었을까 장내가 떠나갈 듯 박수 소리가 차고 넘쳤다. 허튼소리들만 오간 줄 알았는데 그게 다가 아니었던 금쪽같은 초딩 동창회! 학교 교실만 교실이 아니라 모든 공간이 다 인생의 교실임을 새삼 깨우쳐준 귀한 동무들! 또 만나자 했는데 내년 봄이 언제 오려나 벌써부터 기다려진다.

병치레

  S 병원 별관 12층 7호 입원실에서 날과 밤을 지새운 지 어느새 50여 일, 아침 회진을 마친 선생님이 한 주 더 보자고 한다. 이제 툴툴 털고 훨훨 나서도 되련만 내가 나를 내 마음대로 할 수 없다는 게 말이나 되느냐고 투정을 했더니 말도 안 되는 소리 그만하라며 아내가 한마디 한다. 그러고는 선생님 말씀 잘 듣고 일주일 후 진짜로 집에 가야지, 괜히 서둘다가 한 주 후에 또 일주일 더 있으라면 어쩔 거냐며 설득 반 협박 반 일장 연설이다. 또 성화인가 싶었지만 돌아보면 아내 말이 다 옳았다. 조용해진 병

실이 다시 적막하다.

　점심을 막 물리고 났는데 복도 쪽이 수선스럽더니 우리 방으로 새 환자가 들어왔다. 이동식 침대에 누워 온 걸 보면 몸이 자유롭지 못한 것 같다. 4인실이라 그동안 몇 분의 환우가 들어오고 퇴원도 했다. 낯선 사람들이 서로 비슷한 아픔으로 만나 갖가지 사연과 함께 측은지심으로 지내다가 보따리를 챙겨 퇴원하면 축하(?)도 해주며 부디 더는 아프지 말라며 잠시의 정을 나누기도 한다.

　새로 온 사람은 어디가 어때서 왔을까? 그는 스물한 살 군인이었다. 훈련 중 추락사고로 허리를 심하게 다쳐 보훈병원에서 후송됐다고 한다. 간간이 신음하고 울먹이며 '난 잘못도 없는데' '내 인생은 아직 시작도 안 했는데' 하며 우리의 마음을 아프게 했다. 곁을 지키고 있던 엄마는 차마 소리 내어 울지도 못하고 말없이 아들을 안아줄 뿐이었다. 우리 모두가 그의 불행이 자신의 아픔인 양 함께해주었다.

　희미한 기억이지만 어느 시골 의사는 그의 글에서 병실은 환자들만 있는 곳이 아니라 꽃밭이 되기도 한다며, 간호사가 나비처럼 다가와 주사를 놓고 간병인이 분갈이하듯 기저귀를 갈고 몸을 닦아주며 의사는 원예사의 손길처럼 어루만져주는 등, 꽃과 벌, 나비를 빗대어 "병실 꽃밭"이라고 표현했었다. 그분은 필시 태어날 때부터 의사 선생님이었지 싶다.

그런 꽃밭에서 참 길었던 두 달을 누웠다가 퇴원 허가를 받았을 땐 천하를 얻은 듯 기뻤다. 멀리 서산에서 올라와 큰 수술을 두 번씩이나 받고 석 달 만에 웃음을 되찾았다는 옆 침상의 할아버지께서 닷새 전 퇴원하시며 '강 선생 다시는 아프지 마시오' 하셨을 때 나는 언제 저렇게 집으로 가나 했었다. 그 까마득했던 바람이 내게도 찾아오다니 꿈만 같았다.

건강할 땐 관심도 없었던 일들이 입원을 한 후에야 비로소 당연한 것이 당연한 게 아니었다는 사실을 알게 되었다. 무언가를 이루겠노라 몸 돌볼 겨를 없이 앞만 보고 달릴 땐 오직 목표 외엔 뵈는 게 없었다. 기어이 고장이 나고 입원실에 누웠는데도 억울한 생각뿐, '내가 왜 여기서 이러고 있나, 하늘도 무심하시지…' 했다. 그러나 시간이 약이라는 옛말처럼 길고 긴 밤과 낮이 흐르면서 겨우 마음을 삭이며 뒤를 돌아보게 되었고 그동안 바쁘다는 이유로 챙기지 못했던 가족과 이웃들이 주마등처럼 다가왔다.

그렇게 퇴원을 하고 다시 한 달 후, 예약된 외래검진 받으러 병원으로 향하던 날은 초조한 마음을 시험이라도 하듯 네거리 신호등은 만나는 대로 빨간 불이고 교통까지 혼잡해 애를 태웠다. 병원은 온통 아픈 사람뿐인 데다 오나가나 번호표 뽑고 기다리기 일쑤다. 많이 지친 탓이었을까 하마터면 간호사의 부름을 놓칠 뻔했다.

1번 방 L 선생님은 3개나 되는 컴퓨터 화면을 번갈아 보시고는 "예후가 괜찮습니다" 하며 눈길을 준다. 얼마나 기다렸던 말 한마디던가. 아프지 않다는 것이 기적같이 느껴졌고 매 순간들이 죄다 행복이었음이 머리가 아닌 가슴으로 울려 왔다. 어찌 생각하면 병치레가 결코 좋은 일은 아니지만 우리들의 영혼을 한껏 성숙시켜주는 지름길일 수도 있겠구나 싶었다.

전에는 모든 사람이 다 건강한 줄만 알았다. 아픈 사람이 눈에 들어오지 않았다. 그런데 병원을 출입해 보니 안(眼)과 앞을 지나면 세상에 눈 성한 사람이 하나도 없고, 척추 병동에 들어서면 허리 온전한 사람이 없었다. 알고 보면 크나 작으나 아픔 한둘 갖지 않은 사람이 어디 있으랴 싶지만 입원실에 오랜 시간 누워본 사람과 그렇지 않은 사람은 조금 다를 것 같다.

땀 흘리고 공들여 켜켜이 쌓아 온 귀한 삶을 어찌 쉽게 내려놓을 수 있을까마는 그러나 우리는 언제 어디서 어떻게 생의 길에서 내려설지 모른다. 그러므로 기쁨일랑 서로 나눠 더 키우고, 슬품 또한 나눔으로써 짐을 덜어 가벼이 해볼 일이다. 이웃과 함께 아파할 줄 아는 건 자비심의 발로다.

집으로 돌아오는 길 신호등조차 기다렸다는 듯 파란 불이다. 영동대교를 건널 때쯤 FM 라디오에서 메르세데스 소사(Mercedes Sosa)가 'Gracias a la vida'를 노래한다. 기도하듯 흐르는 알토 음의 속삭임을 차 안에서 듣다니 이는 우연한 행운이 아니라 과분한 축복이었다. 가슴을 스치는 감미로운 노랫말 "내게 그토록 많은 것을 준 삶에 감사하며…"가 온몸을 적신다. 행복이란 미래의 계획이나 목표가 아니라 지금, 순간순간마다 가질 수 있는 느낌이라 했던가?

신부님 영전에

　맑은 하늘에 춥지도 덥지도 않은 참 좋은 날, 2019년 11월 11일 9시 30분 예수회센터 성당에서 성부와 성자와 성령의 이름으로 예수회장(葬)이 엄수되었다. 78세의 아쉽고 안타까운 나이에 선종(善終)하신 박홍(朴弘) 신부님의 장례미사였다. 사진 속 신부님은 언제나 그러하셨듯이 근엄하지만 인자하신 모습으로 '어서 오라, 반갑다' 하셨다. 살아생전 서강대학교 집무실에서처럼….
　신부님은 가톨릭대학교를 졸업하고 미국에서 영성 신학으로 석사를 마친 다음 로마 그레고리안 대학으로 유학하여 박사 과정을 밟는 동안 어렵고 힘들었지만 그래도 학창 시절이 행복했었노라고, 젊은 날을 이야기할 땐 어린이를 닮은 듯 천진했다. 그리고 일찍부터 가톨릭 예수회와 함께하며 1970년에 서강대학교 교수로 부임한 후 총장(1989~1997)을 거쳐 이사장(2003~2008)으로 재직하며 일생을 신앙과 교육에 헌신한 사제요 교육자였다. 민주화를 외치던 지난날 신촌 로터리에서 일어났던 시대적 혼란의 현장을 몸소 겪으면서 마포(麻浦) 사회와도 뗄 수 없는 인연이 되어 함께 울고 같이 웃었던 기억들이 주마등처럼 스친다.

신부님은 이미 1970~80년대 민주화 운동의 대부였던 지학순 주교와 뜻을 함께하면서 사회와 여론의 이목을 받았고 학교에서는 학생들과 격의 없이 대화하는 '막걸리 총장'으로도 소문이 나 있었다. 1991년 대학생들의 학생운동에 분신자살이 이어지자 이를 우려한 신부님은 '지금 우리 사회에 어둠의 세력이 있다'고 감히 폭탄(?) 발언을 해 세상을 놀라게 했다.

1994년에는 '대학 캠퍼스 안에 주사파와 사회주의적 인식이 늘고 있다'면서 발언 수위를 높였고 날이 갈수록 시국이 더 어수선해지자 당시 김영삼 대통령과 전국 주요 대학 총장이 모인 청와대 오찬에서 '대학 캠퍼스에도 사노맹이 있다'고 직언을 서슴지 않아 '극우 사제'라는 지탄을 받기도 했다. 지나간 이야기지만 그때는 너무 답답한 나머지 그냥 웃을 수밖에 없었다고 술회한 적도 있다.

우파와 좌파, 주사파, 사노맹, 전대협, 종북과 반미, 보수와 진보 등 진영논리의 언어들이 책에서나 읽어봤음 직한 낱말임에도 최근 들어 상식이 무너져 내리는 의혹(?) 사태들을 겪으면서 이제는 쇼킹할 것도 없게 됐지만, 오래전 1990년대 초에 신부님이 위와 같은 직언(直言)을 서슴지 않았음은 행동하는 양심이요 미래를 꿰뚫어 본 탁월한 혜안이었음이 분명하다. 우리 모두가 '지금 안 것을 그때 깨달았더라면' 온 나라가 이토록 어수선하지는 않았을 텐데 안타까움이 크다. 임이시여! 비록 천국에서라도 이 땅의 어진 백성들이 더 이상의 혼돈과 방황 없이 자유롭고 공정한 사회에서 모두가 정의롭게 살아갈 수 있도록 도와주소서….

장례미사가 끝나고 '잘 있게나' 하며 손이라도 잡아줄 듯 평온한 모습의 영정이 우리 곁을 지나는 동안 머릿속이 하애지고 말았다. 언젠가 사제관에서 혼란스러운 현실이 안타까운 듯 물끄러미 창밖을 내다보시던 모습이 영정과 함께 자꾸만 멀어져 간다.

신부님과의 첫 인연은 28년 전 『마포연감』 편찬위원으로 서강

대학교 총장실을 노크한 것이었고 그 후 아이들 교육 문제를 상담받기도 했다. 〈5부자 라이브 인 USA〉를 기획하고 다섯 부자(父子)가 북미대륙을 횡단한 다음 1년여 동안 원고를 정리하면서 신부님보다는 선생님으로 허물없이 가르침을 받은 건 더 없는 행운이요 영광이었다. 인연이 그렇게 쌓이면서 가끔 차(茶) 한 잔의 담소로 이야기꽃을 피워본 게 엊그제만 같은데….

캠퍼스를 떠나시면서 그런 기회들도 차츰 멀어지고 말았다. 그리고 오늘 송구한 마음으로 장례미사를 드리고 있음이 죄(罪)스럽기 한량없다. '몸이 멀어지면 정도 멀어진다' 던 옛말을 왜 일찍 깨닫지 못했을까? 엎드려 용서를 빌어 보지만 후회막급이다.

"…참 좋으신 신부님! 깊은 감사와 속죄의 마음으로 머리를 숙입니다. 천사들이여! 영혼을 받들어 천상의 낙원으로 인도하시고 더 높이 영접하시어 맑고 가난했던 나자로와 함께 영원한 안식을 누리게 하소서…"

가치의 차이

　유적지도 명승지도 아니지만 제주도에 가면 구좌읍에서 송당리로 이어지는 1112번 국도 '비자림로(路)'가 있다. 언제나 울울한 숲 향과 바람 맛이 좋아 자동차에서 내려 천천히 걸으면 마음을 달래보기에 더할 나위 없이 좋다. 만약 한국의 가장 멋진 길을 선정한다면 단연코 선착순으로 뽑힐 걸 믿어 의심치 않는 길이다.
　그런데 최근 그 '비자림로' 삼나무 숲이 개발 명목으로 마구 베어져 쓰러진 사진을 신문에서 보았다. 너무 황당하고 어이없어 설마 하는 마음으로 다시 살펴보았으나 실제 상황이었다. 억장이 무너지고 '세상에 이럴 수가 있단 말인가' 싶어 한동안 창밖을 서성이던 중 옛 기억 하나가 아련하게 다가왔다.

그곳은 오스트리아의 호수마을 할슈타트(Hallstatt)로 영화 '사운드 오브 뮤직'의 촬영지이기도 하여 유럽 여행을 하면서 잘츠부르크에 갔을 때 일부러 사흘을 할애했던 곳이다. 알프스의 빙하가 녹아내려 생긴 자연호수는 너무 맑고 깨끗해 그냥 떠 마셔도 될 만했다. 천천히 걸었다. 2층 베란다에 하얀 빨래가 나풀거리는 옛집들이 정겹게 이웃하고 있는 골목길엔 투박한 쪽문 위에 〈Zimmer(방)〉라는 꽃 그림이 붙어있었다. 그런 민박집들이 많았다.

그곳은 본래 소금광산촌이었다고 한다. 그들의 조상인 소금광부들이 소금을 캐던 녹슨 장비며 옛 생활상들이 가지런한 박물관은 이 마을이 자랑하는 보물 1호였다. 웅장한 대영박물관에서 느껴보지 못했던 그윽함과 멋이 거기 있었다.

잠시 그들과 커피를 마시며 함박웃음을 지을 수 있었던 건 '사운드 오브 뮤직'의 주인공이라도 된 기분에서였다. 영화의 장면들이 생각나 가수 정훈희의 노래 '꽃밭에서'를 흥얼거리다가 뜻밖의 박수를 받고 의기양양하게 2절까지 불렀다. 노랫말이 무엇이냐는 물음에 해설까지 곁들였던 걸 생각하면 주책(?)이었나 싶기도 하지만 그때의 기억이 행복하기만 하다.

"당신들은 참 좋겠다. 마을이 어쩌면 이렇게 아름다우냐?"라고 감탄을 했더니 그게 다 조상님들의 땀방울 덕분이며 이 모습을 있는 그대로 아이들에게 물려줄 거란다. "어르신들이 무엇을 했기에 그러느냐?"고 재차 물어보았다. 그들의 삶터를 있는 그대로 보존하면서 난개발(亂開發)을 막았을 뿐이라고 한다.

1인당 GDP가 4만 8천 달러인 이 나라에서 도로도 넓게 새로 뚫고 호텔이나 편의시설도 현대식으로 크게 신축하면 수입이 더 많이 오를 걸 모를 리 없으련만 그러나 그것은 코앞만을 생각한 졸속 단견일 뿐 먼 훗날의 희망이 아니라는 걸 할아버지와 아버지의 진득한 삶에서 몸소 익혔지 싶다. 그리고 그 올곧은 가치를 보란 듯이 후세에게 웅변하고 있다.

아무도 보는 이 없어도 아주 오랜 시간 자연이 이룬 '비자림로'의 푸르렀던 모습이 자꾸만 눈에 어른거린다. 내가 말을 걸면 대답도 잘 해주었던 삼나무 숲을 톱질로 쓸어버리다니 얼마나 아파했을까? 숲을 베어내고 도로를 넓혀 자동차를 쌩쌩 달리게는 할 수 있겠지만 신이 내린 자연의 축복을 져버린 곳에 어느 발길이 머물 것인지 묻고 싶다.

할슈타트를 처음 찾으며 '번듯한 것 하나 없이 시시하기는…' 했던 실망감이 그곳을 떠나며 만약 이 세상에 신이 있다면 이곳은 신이 내린 선물일 거라고 생각이 바뀌었다. 아니나 다를까 그곳은 1997년에 이미 마을 전체가 유네스코 세계문화유산으로 등재됐다고 한다. 인간은 누구나 행복을 바라지만 그게 욕심을 부린다고 해서 다 되는 것이 아니라는 것도 잘 안다. 우리가 바라는 소중한 삶이란 자연 사랑의 가치(價値)가 바로 설 때 가능할 것이다. 큰 울림으로 행복을 일깨워준 그곳이 눈앞에 아른아른하다. 가치의 차이는 말이 아닌 실행이 답이다.

세대 차이

　더러는 젊은 늙은이도 있고, 늙은 젊은이도 있듯이 세대 차이는 서로 다를 뿐 결코 틀린 것은 아니다. 다름을 품어 안고 포용과 상생의 모자이크 문화를 이룬 자만이 역사의 승자였음은 동서고금이 다르지 않다. 미풍양속을 삶의 가치로 여겼던 선대들의 생활 덕목(德目)을 생각하면 하늘같이 높고 바다보다 넓은 가르침이 아닐 수 없다. 그렇게 대를 이어 왔건만 어찌하여 요즈음, 부모 세대를 일러 변화를 모르는, 말이 통하지 않는, 잔소리나 하는 사람쯤으로 폄훼(貶毁)하고 있을까? 결코 지나온 과거를 소홀히

해서는 아니 되는 게 인생의 수레바퀴가 아니던가?

　백여 년 전 잠시 나라를 잃었을 때 일제의 수탈로 금수강산은 만신창이가 됐고 백성들은 도탄에 빠졌다. 선열들의 피와 눈물로 겨우 나라를 되찾기는 하였으나 8·15 광복의 기쁨도 잠시 열강의 틈바구니에서 동족 간 이념 갈등의 덫에 걸린 한국전쟁으로 강토는 잿더미가 됐고 백성들은 UN이 보내준 구호물자와 옥수숫가루로 모진 삶을 이겨내야 했다.
　불과 60여 년 전만 해도 보릿고개와 거렁뱅이도 있었고 호롱불 아래에서 밤늦게까지 숙제를 하고 있으면 기름(석유) 아깝다며 불 끄라고 꾸중을 듣기도 했다. 중학생이 되면서 우물(泉) 대신 집안에서 수도꼭지를 틀면 마실 물이 나온다는 사실에 환호했고 반장님 댁에 처음 설치된 흑백 TV로 '대한뉴우스'를 보면서 모두들 놀라워했다.

　말도 많고 탈도 많은 대학입시가 그 시절에는 고 3학년 말이 되면 '대학입학자격고사'를 치렀고, 이에 합격하면 전국 어디든 원하는 대학을 찾아가 본고사와 면접을 볼 수 있었다. 물론 전기 후기에 3차까지 기회가 있어 학력 따라 물 흐르듯 진학했다. 그

젊은이들이 독일 탄광의 광부로 간호사로 나가 열심히 땀 흘리는 동안 우리나라는 오직 '수출 1억 불($) 달성'이 국가적 지상목표였다.

배고픔에서 벗어나자는 범국민적 의식개혁운동으로 농촌과 도시, 공장까지 모두 나서 노력한 결과 식량 자급자족은 물론 민둥산도 푸른 숲으로 바꿔 놓았다. 젊은 아빠들은 가족과 이별한 채 열사의 땅 중동 건설현장에서, 혹은 먼 바다 원양어선에서 밤낮없이 뛰었고 그에 힘입어 1억 불 수출이 100억 불로, GNP는 1000불 시대를 넘어 1만 불 초과달성이라는 한강의 기적을 이루었다.

한때 장안의 화제였던 조용필의 히트곡 '일편단심 민들레야'가 최근 TV 프로그램 '미스터트롯'에서 시청자 인기투표 1위로 이변을 낳았다. 이를 두고 스물아홉 청년의 노래솜씨보다 노랫말에 숨겨진 지난날의 애환이 너무 절절하여 울컥했기 때문일 거라는 시사평이 나온 것을 보면, 고단했던 어버이들의 지난 삶을 노래 한 곡으로 한(恨)풀이해 본 것은 아닌지 만감이 착잡한 순간이었다.

그랬던 그들은 오직 부강한 조국을 꿈꾸며 다음 세대만은 훌륭히 공부시킬 요량으로 전 재산이나 다름없는 농우(牛)까지 팔아 학비를 대주었다. 오죽하면 상아탑(象牙塔)이라던 대학 캠퍼스를 일러 우골탑(牛骨塔)이라고까지 불렀을까? 그 후 자유 정의 진리를 부르짖던 대학 캠퍼스에 밀물처럼 쏟아져 들어온 외래 사조는 신세대의 신문화였다. 일부의 자유분방한 젊음들이 레닌 사상까지 뜨거운 가슴으로 불태운 것도 그 무렵이었다. 그런데 분별없는 일부가 아직도 슬픈 군상이 되어 '내로남불'의 화신으로 정의까지 왜곡하며 우리를 슬프게 하고 있다.

많은 아버지들의 소망과 어머니의 바람이 결코 급진사조(?)를 원한 게 아니었을 텐데 유감천만이다. 만인이 공평하고 정의로운 자유민주주의 대한민국을 오매불망 바랄 뿐인데 상스러운 비속어(꼰대, 나 때)까지 들먹이다니 개탄스럽지 않을 수 없다. 1905년에 「황성신문」 장지연 주필은 '시일야방성대곡'을 써 남겼다. 물론 그때와 지금은 전혀 다른 시대 상황임을 모르는 바 아니다. 하지만 그럼에도 불구하고 한 가지 "과거는 미래의 거울"이라는 엄혹한 역사의 교훈만은 깊이 새겨볼 일이다. 지나온 세월 어머니의 눈에는 눈물조차 마른 지 오래요, 아버지의 손에 든 소주잔엔 눈물이 절반이었던 걸 정녕 모른단 말인가?

적도의 땅

　　서울은 겨울인데 아프리카는 여름이었다. 어젯밤 기내에서 18시간을 견디고 요하네스버그에서 3시간 대기 후 SAA-182로 4시간 반을 더 날아온 곳 케냐의 수도 나이로비이다. 공항에서 Yellow Card와 50달러짜리 로컬 비자를 받고서야 겨우 긴 여로가 끝이 났다. 시내까지는 버스로 1시간 반, 밖은 허허한 대지에 태양열과 지열이 훅훅 달아올라 찜통이 따로 없다.
　　시내로 접어들자 낡은 차들이 매연을 뿜으며 달린다. 교통체증과 먼지에 얼굴마저 까만 사람들이 뒤엉켜 묘한 냄새까지 머리를 지끈거리게 한다. 잠시 동서남북을 가늠하며 걷는 동안 하느님의 보우하심이었을까? 용케도 한국 식당을 만나 충청도 아줌마가 차려준 냉면을 김칫국에 말아 먹고 겨우 속을 달랬다. 적도의 땅 케냐의 하루해가 저물고 피곤은 몰려오는데 단잠이 쉽지 않다.

아프리카 동부 해안에 위치한 이 나라는 남동쪽으로 인도양을 끼고 아래쪽엔 탄자니아와 소말리아가 위로는 에티오피아와 수단 그리고 서쪽으로 우간다와 국경을 접하고 있다. 인구 약 3천 2백만 명이 한반도의 5배에 달하는 국토에서 살고 있지만 수도 나이로비와 몸바사, 나쿠루 등 일부 도시를 제외하고는 원시의 촌락이 대부분이다.

나이로비는 고원지대인 데다 물이 풍부한 탓에 유럽의 문물이 일찍 들어온 곳으로 인구의 약 80%가 기독교이고 이슬람과 토착 종교가 각각 10%씩을 차지하고 있으며 다양한 인종이 뒤섞여 살고 있다.

언제나처럼 낯선 곳에선 사람 냄새 물씬한 시장을 돌아보고 박물관으로 향하면 그곳의 큰 틀을 짐작하기에 좋다. 박물관에서 마주친 '오스트랄로피테쿠스' 화석이 인류의 조상으로 추정되고 있다는 것은 교과서에서 배웠지만 그 인류사적 유물이 바로 이곳에서 출토되었음을 두 눈으로 확인한 순간의 짜릿했던 감동을 생각하면 지금도 가슴이 설렌다.

때마침 '제로 헝거'를 위한 UN 국제식량기구(WFP) 조사단이 나이로비 근교 슬럼가인 키베라(kibera)를 찾는다는 뉴스가 있어 먼저 그곳으로 향했다. 빈민촌을 가로지르고 있는 우간다행 철길 옆에서 '물과 빵을 주세요' '우리도 집에서 살고 싶어요'라는 플래카드에 둘러싸인 채 WFP 퍼거슨 국장이 진땀을 흘리면서 "마음이 아프다. 빵과 물을 위해 힘쓸 테니 희망을 잃지 말라"라며 차마 말을 잇지 못한다. 슬럼가를 떠나는 그들의 뒤를 따르며 "나를 잊지 마세요"라고 외치던 꼬마아이들의 퀭한 눈동자가 지금도 눈에 자꾸 밟힌다.

원주민 대다수가 빈민가를 면치 못하고 있으며 아이들은 학교 대신 교회에 나가 9센트(약 70원)짜리 점심 한 끼로 하루를 견디는 경우가 많다고 한다. 서울에서 들었을 땐 그래도 설마 했었는데 그게 아니었다.

소설 〈아웃 오브 아프리카〉를 쓴 브릭슨이 커피 농사를 지으며 작품 활동을 했던 집이 기념관으로 개방돼 있어 반가웠다. 한 사람의 흔적에 그치지 않고 당시를 살았던 시대와 공동체의 생활상까지 함께 들여다볼 수 있어 기뻤다.

반갑게도 다운타운 곳곳이 'LG 스트리트'와 'Samsung 거리'로까지 명명돼 있었고 우리의 상표와 입간판들이 많이 보여 나그네를 위로해 주었다. 첫째 날 충청도 아줌마를 만났던 곳도 알고 보니 바로 그곳이었다.

아프리카의 국경은 상당수가 직선이다. 이는 1884년 영 · 프 · 독 · 미 등 14개국 베를린회의에서 이해득실의 잣대로 그어 놓은 결과물이기 때문이다. 구릉 따라 물길 따라 자연스럽게 살아오던 애초의 옛 터전에 직선으로 국경을 그어놓자, 오랜 공동체가 나뉘고 갈라지며 이질적 적대적 문화가 뒤섞이면서 방황, 분쟁, 반목, 빈곤, 다툼으로 이어져 서로가 서로를 잃고 말았다. 원시의 자연 질서를 힘을 앞세운 서구의 패권이 마구 뒤흔들어 놓은 것이다.

헤겔은 일찍이 '아프리카의 역사는 유럽인이 쓴다'라고 말한 바 있다. 아프리카야말로 그 누구에 의해서가 아니라 있는 그 자체가 바로 인류의 역사라고 할 만큼 오랜 영혼의 고향이 아니던가? 그러함에도 이곳의 이미지가 계속 서구의 영향력으로 투영되고 전달된다면 그것은 더 큰 불행의 연속일 뿐이다. 글로벌 시대를 살아가고 있는 지구촌 행복의 조건은 오직 상생과 공존의 포용만이 정답이 아닐까 안타까움이 크다.

　아프리카를 바로 알기 위해서라면 더 이상의 피상적인 선입견에서 벗어나 있는 현상 그대로를 가감 없이 보아주는 게 무엇보다 앞서야 할 과제가 아닐까 싶은데, 그런 일들이 그리 쉽지 않았던 역사의 흐름이었던 것을 보면 "역사란 무엇인지" 되묻고 싶은 오늘이다.

별난 공연

　　일산 킨텍스 1-204호, 얼굴색이 다양한 중후반의 신사·숙녀들이 농구장만 한 홀에 가득 앉아 있다. 축하 공연에 앞서 초청 외국인을 위해 한국의 사물놀이를 먼저 설명해 달라는 사회자의 말이 끝나자 박수가 뒤따랐다. 오늘 행사가 국제포럼이라는 건 알고 왔으나 해설을 요구하리라고는 예상치 못했었다. 잠시 '이를 어쩌나?' 싶었지만 이내 마음을 다잡았다.

　　"예로부터 농경사회를 살아온 한국인들은 좋은 날이면 잔치를 베풀고 풍악을 울렸다. 이는 화이부동(和而不同)의 다짐이며 그

중심에는 푸진 굿 풍물(風物) 한마당이 있었다. 그러나 지금은 시대의 변천에 따라 그런 민속이 현대식 무대공연으로 거듭나면서 '사물놀이' 라는 새로운 장르가 탄생했다"고 조심스레 운을 뗐다. 용어가 낯선 탓인지 통역사가 조금씩 더듬거렸다. 그 틈새가 내게는 여유로 다가와 다행이었다.

이어, 사물놀이 연주는 서양의 클래식처럼 눈을 감고 명상하듯 듣는 음악이 아니라 치배들의 역동적인 몸짓과 손놀림에서 뿜어져 나오는 에너지가 신명을 돋우고 커튼콜에는 관객들과 함께 '아리랑'을 노래하기도 한다며 자랑했다. 통역이 오히려 더 긴 시간을 할애하는 것 같았다.

"사물놀이의 사물(四物)은 쇠, 징, 장구, 북을 말하는데 쇠는 천둥소리, 징은 바람 소리, 장구는 비 오는 소리, 북은 구름 가는 소리 등 자연의 조화로움을 음악으로 형상화해냄으로써 한국인의 풍우운뇌(風雨雲雷) 4신(四神) 사상과 연관성이 깊다"면서 딴엔 진지하게 설명을 했건만, 내용이 생소했는지 통역에 뜸이 드는 동안 장내가 너무 조용할 때는 조금 불안하기도 했다.

"사물놀이는 단출한 4종 타악기만의 합주임에도 결코 단조롭지 않게 들린다. 악기의 편성을 보면 쇠로 만든 꽹과리와 징, 가

죽으로 만든 장구와 북으로 이루어져 있어 금속성 음향과 부드러운 가죽 음향이 묘한 조화를 이루고 있음을 엿볼 수 있다"며 일일이 악기를 들어 보이면서 그 구조와 특징을 설명하자 조용했던 장내에 "원~더풀!"이 쏟아졌다.

또한 "쇠와 장구에서 나는 높은 음역과 징, 북의 낮은 음역이 서로 대비를 이루면서 고저의 균형을 잡는가 하면 쿵쿵 힘찬 북소리로 음악의 골격을 만들며 낮고 부드럽게 깔리는 징 소리로 전체적인 음(音)을 감싸 아우르는 입체적 구조가 음향을 풍부하고 다양하게 이끈다. 최근에는 서양음악의 오케스트라나 재즈와도 자유롭게 크로스오버를 하고 있다"는 대목에선 라틴계와 아라비아 대표단 테이블 쪽에서 "따봉!"과 "꾸에이스 까띠르!('좋다!' 라는 뜻의 아랍어 감탄사)"를 연발해주어 기뻤다.

"사물놀이 연주의 생동감이란 느리게 칠 때는 한없이 느리다가 빠를 때는 따라잡지 못할 정도로 휘몰아친다. 이에 따라 우리의 감흥도 느리다가 조여지기를 반복한다. 이것이 사물놀이가 지닌 긴장과 이완의 원리로 '내고, 달고, 굴리고, 맺는다' 는 표현으로 관용화된다. 그런 변화무쌍한 연주를 곧 보게 될 것"이라는 말이 끝나자 장내에 웃음꽃이 피었다.

마침 2014년에 사물놀이의 뿌리인 '한국 농악'이 유네스코 세계문화유산으로 등재된 것은 KOREA의 자랑으로, 오늘도 지구촌을 돌면서 우리의 혼(魂)으로 세계인들에게 '넘버 원 코리아'를 심어가고 있음이 자랑스럽다고 했더니 "유럽에서도 그 공연을 본 적이 있다" 하면서 브라보에 엄지 척까지 날려준다.

"삼도풍물 한마당을 연주하겠다" 말한 다음 "통역사에게 격려와 감사를 전합시다"라는 말이 끝나자 장내에 환호의 박수가 차고 넘친다.

국위선양을 위해 한몫 거들었던 국제제론테크놀로지 엑스포 & 포럼(International Gerontechnology Expo & Forum) 축하공연! SNS를 통해 37개 참가국으로 춤추며 날아갔을 국악사랑 휘모리의 특별출연이 막을 내리면서 "아리랑 아리랑 아라리요~ 아리랑 고개로…" 우리 민요 아리랑에 150여 각국 대표들도 입을 모아 함께 노래해 준 가슴 벅찼던 그 날, 그곳은 세계 속의 한국이었다.

이삿짐

너무 많은 짐 이삿짐
간편히 살자고
반으로 확 줄인 이삿짐
단출한 세간 덕에
작은 집이 대궐 됐네

— 癸未年 시월 열엿새

| 캐나다 살아보기 |

캐나다 살아보기
버나비 중앙공원
하우스, 콘도, 아파트
밴쿠버와 빅토리아
사람이 산다는 것
First Nation
양심 그리고 운전
일요일의 행복
아메니다 사람들

캐나다 살아보기

둘째가 밴쿠버에 살고 있어 이래저래 자주 드나든다. 손주 덕에 아는 사람도 생겨 이제는 이웃 동네 같은 노스밴쿠버(North Vancouver) 캐필라노(Capilano)다. 씨(Sea) 버스와 스카이 트레인을 이용해 공항 출입도 자유롭고 버나비 코리아타운에 들러 장을 보기도 한다. 한남슈퍼에 가면 서울에 있는 건 뭐든지 다 있고 가격도 한국과 비슷해 굳이 고추장을 여행가방에 챙겨갈 이유가 없다. 소주 한 병에 C$ 20(약 2만 원) 하던 예전을 생각하면 글로벌 지구촌 시대임이 실감 나고, 황사현상이라든가 미세먼지 혹은 열

대야가 없는 건 보너스다. 그래서일까 유학생을 포함한 우리 교민의 수가 5만여 명에 육박했다는데 웬일인지 몇 해 전부터 그 수가 자꾸만 줄어드는 추세라고 한다.

많은 사람들이 아메리칸 드림을 꿈꾸듯 캐나다 이민도 선호의 대상이다. 이유를 들어보면 자유분방한 젊은 세대들은 "자녀교육에 특별히 신경 쓰지 않아도 되며 타인의 이목과 허례허식 등 스트레스받기 싫어서"라 하고, 50대 이상은 "정치권의 이전투구와 남북문제로 인한 국제 질서의 불확실성에 갈수록 부담스러워지는 노후 걱정"이 주된 심리적 요인이라고 한다.

이유가 서로 다른 듯하지만 결국 앞날이 불안하다는 점에서는 같아 보인다. 즉 힘들다고 여겨지는 오늘의 현실을 벗어나 미래의 안락한 삶을 위하여 낯설고 물설지만 새로운 곳으로 옮겨보려는 심사인 것 같다. 그들의 선입견에는 세계에서 두 번째로 땅이 넓은 캐나다는 일자리도 많고 누구에게나 공평하며 특히 복지제도가 잘된 국가라는 게 공통점이다.

캐나다는 이민자를 받아들이는 선진국 중 하나다. 이들은 원주민을 포함해 다문화 다민족주의를 표방하고 있어 인종차별이 거의 없다. 실생활에서도 남을 인정하고 배려하는 기본 인식이 깊게 배어 있어 스트레스받을 일이 없음은 물론 남을 의식한 상대적 박탈감에 마음 상할 필요도 없다.

영주권자가 아이를 낳으면 18세까지 육아 수당(Child Benefit)을 지급하고, 입원을 해도 걱정이 없는 공공의료시스템이나 취약계층에 대한 시니어 하우스 제도 등은 고마울 뿐이다. 하지만 노령수당의 경우 거동이 불편하지 않은 한 무상의 현금(現金)을 지급하지는 않는다. 스스로 건강을 챙기며 정해진 시간 부지런히 게이트볼이라도 치도록 권(?)하고 있다. 그렇다면, 아무나 캐나다에 이민을 오면 만사형통일까? 그건 그렇지 않다. 까다로운 이민 심사를 통과하고 나면 국별·성별·연령별 차등 없이 공평한 기회가 주어지는 건 사실이지만 모두에게 성공적인 개인생활까지 보장해주지는 않기 때문이다.

특히 나이 들어 이민 오는 경우 설마 했던 난관들을 많이 겪는데 언어생활의 불편이 상상외였다고 한다. 그로 인해 떳떳한 직장 구하기는 기대난이었고 그래서 많은 이들이 개인 비즈니스를 택해 보지만 전문직종이 아니면 견디기 힘들었다는 게 이구동성이다. 결국 언어의 한계에서 오는 자괴감이 그토록 클 줄을 미처 몰랐던 것이다. 갖가지 이유로 작년 한 해 동안 한국으로 되돌아간 역(逆)이민자 수가 2천여 명을 넘었다고 한다.

영어가 필요 없는 한인 교회나 성당 혹은 우리끼리 어울리는 골프, 등산, 낚시, 요트, 카지노 등 여건이야 괜찮지만 그게 하루하루를 살아가는 일상(日常)이 될 수는 없다. 일정한 일과(일거리)를 갖지 못한 데서 오는 한가함도 마음의 부담이지만 오후 서너 시가 지나면 칼퇴근으로 거리가 한산한 것까지 무료함을 부추겼다고 한다.

그러한 표면적 이유 말고도 심리적으로 겪는 문화 장벽 중 하나는 한국에서 익숙하게 몸에 밴 수직적 사고방식과 달리 캐나다의 수평적 사고와 서구식 사회구조에서 오는 낯섦이 자녀교육의 갈등으로까지 이어지면 가족 간의 견해차가 커지면서 어떤 부모는 소외감으로 인한 적적(寂寂)함을 '옥(獄)살이'라고 표현하기도 했다.

게다가 노후생활에 기대가 컸던 연금 등 복지혜택도 그냥 주는 법이 없다는 걸 알아가면서 남모를 속앓이가 쌓이는데 그것은 사전 준비의 부족이지 누구의 탓도 아니다. 이 나라의 상식 중 으뜸은 젊어 열심히 일한 사람과 국가에 기여도가 높은 자에게 더 많고 더 좋은 평생복지혜택을 준다는 것이다. 그러므로 늦은 나이에 이민 와서 캐나다 복지에 기대를 걸어 보려는 것은 무리다.

이민 생활이 이처럼 녹록하지 않은 게 사실이기는 하나, 모두가 힘들어하고 있는 것은 결코 아니다. 먼저 언어의 벽을 넘고 '적당히'가 통하지 않는 준법정신과 신용 제일주의에 일이 보배요 노동이 신성한 이 나라의 제도와 특성을 잘 파악하고 주어진 의무를 성실히 이행한 다음 그 반대급부를 얻는다면 '캐나다에 오기를 참 잘했다' 할 것이다. 누구에게나 로망인 '저녁이 있는 삶'을 누리며 온 가족이 맘 편히 화목한 가정을 이룬 사람도 의외로 많은 걸 보면 언제 어디서든 행복한 삶의 기본은 야무지고 철저한 지피지기(知彼知己)라 할 수 있을 것이다.

버나비 중앙공원

　도심 한복판인데도 공원에 들면 마치 타임머신을 타고 다른 세상에 온 것처럼 으스스하다. 아름드리 거목들이 하늘을 찌를 듯 빽빽하고 군데군데 세월의 더께를 머금은 고목 그루터기 옆엔 아들 나무와 손자 나무들이 대를 이어 무성하게 자라고 있다. 100여 년 전까지만 해도 이곳은 인간의 발길이 닿지 않은 울울창창한 원시림(林)이었다고 안내판에 쓰여 있다.
　공원이 얼마나 넓은지 인공호수가 두 개나 있고 걷기에 알맞도록 잘 정돈된 오솔길 말고도 어린아이와 장애인까지 아무런 불편 없이 쾌적하게 산책하며 편히 쉴 수 있도록 피크닉 공간도 여럿 있다. 요소요소에 작은 쉼터와 가벼운 운동으로 몸을 풀 수 있는 시설에 야외수영장과 골퍼를 위한 'Pitch & Putt' 공간도 마련돼 있어 누구나 부담 없이 이용하고 있는 모습들이 싱그럽고 평화스럽다.

공원을 거닐다 보면 여러 사람들을 만난다. 세계 각국에서 이민 온 사람들이 다문화 사회를 이루고 사는 이들은 얼굴빛만 다른 게 아니라 머리 색깔도 걸친 의상도 말하는 언어까지 참으로 다양하다. 걷는 스타일도 여러 가지여서 배를 두드리는 사람, 경기하듯 뛰는 사람, 무언가를 중얼거리는 사람 심지어 맨발이거나 뒤로 걷는 사람도 있다. 귀에 이어폰을 끼고 있는 듯 없는 듯 조용히 거니는 백인들과는 달라도 너무 다르다.

동년배쯤으로 보이는 다섯 명의 한국인들을 처음 만난 건 공원 입구에서였다. 별생각 없이 서로 다른 오솔길을 택해 따로 걸었다. 어디선가 교차하고 또 엇갈리며 세 번째 마주쳤다. 삼세번이면 그것도 인연이라고 했던가? 누가 먼저라 할 것도 없이 '어디서 오셨어요?' '혼자세요?' 하며 길동무가 되었다.

이들은 매주 금요일 오전 10시에 눈이 오나 비가 오나 여기서 이렇게 만나 6년째 걷고 있는 '누죽걸산' 이웃들이라고 한다. 무슨 말인지 궁금해 물었더니, '누우면 죽고 걸으면 산다'는 생각으로 그리 작명(名)했다며 국어 교사 출신이라는 방 선생이 은근히 자랑한다. 이에 질세라 다른 한 분이 나서며 그보다는 '쉬면 쉰다'가 더 멋지지 않으냐며 원어로 'If You Rest, You Rust(아무 것도 하지 않으면 녹이 슨다)' 하고는 내가 편들어 주기를 은근히 바라는 눈치다. 지금은 글로벌 시대이니 '둘 다 아주 좋다'고 답해 주어 커피믹스 한 잔을 대접받았다. 달달한 한국 커피 맛에 잠시 향수를 달래며 건강한 우정들이 부디 오래도록 무(無)탈하기를 빌어 주었다.

미국 뉴욕의 맨해튼에 센트럴파크(Central Park)가 있듯 캐나다 밴쿠버에는 버나비 센트럴파크가 있고 둘은 '도시의 보석(A Jewel in the City)'이라는 공통의 별명을 갖고 있다. 그런 보석 같은 귀한 곳에 한국전쟁 기념탑(Korean War Memorial)이 있고 그 위엔 평화의 사도(Ambassador of Peace) 조형물로 긴 머리 소녀상(像)이 대지를 박차며 달려 나갈 듯 비상하고 있으며 배후를 둘러싼 벽에는 이곳 출신으로 한국전쟁(1950~1953) 중에 목숨을 잃은 꽃다운 청춘의 전몰 장병 36명의 명패가 대한민국과 함께하고 있는 것 같아 뿌듯했다.

    그래서일까. 평소에도 우리 동포들의 발길이 끊이지 않고 있으며 3·1절이나 한국전 참전일과 광복절 등 조국의 국경일 및 기념행사를 밴쿠버한인회의 이름으로 이곳에서 거행하고 있음은 물론, 공원 입구 길 건너편에는 우리 교민 자녀 2~3세들의 모국(母國)에 대한 정체성 회복을 위하여 운영되고 있는 코리안 아카데미 '한국전통문화예술원'이 자리하고 있어, 뜻있는 자원봉사자들이 뿌리 찾아 나라사랑하는 마음으로 후세를 위해 재능기부를 실현하고 있으니 이보다 더 감사한 일이 또 있을까? 의미가 각별했던 오늘! 공원을 돌아 나오는 발걸음이 자꾸만 뒤를 돌아보게 했다.

하우스, 콘도, 아파트

　　태평양 연안의 밴쿠버에서 1번 고속도로를 타고 동(東)으로 계속 달리면 일주일 후쯤 토론토 지나 이 나라의 수도 서울 오타와에 닿고 대서양이 가까운 퀘벡까지도 갈 수 있다. 그런데 그 어디에도 톨게이트가 없다는 게 너무 이상하다 싶어 왜인지 물어보았더니, '고속도로 통행료가 없어서'라는 우문에 현답이다.

　　노스밴쿠버는 그 고속도로 EXIT 14번에서 5분 거리로 노스쇼어 산기슭인데도 도로와 가옥 등에 콘크리트 옹벽을 거의 만들지 않은 것은 물론, 계곡의 물흐름과 아름드리 거목조차 되도록 손대지 않은 자연친화적 택지개발 모습이 한국식 통념으로는 도저히 이해되지 않는 일이라 놀랍기만 하다. 멀리 UBC(Univ. of British Columbia) 캠퍼스가 한눈에 들어오고 그 너머 태평양이 아스라한 가운데 가끔 드나드는 유럽의 초대형 크루즈 여객선을 보고 있으면 글로벌 지구촌이 실감 난다.

최근 들어 트럼프 타워까지 오픈한 시내 중심가의 상가와 빌딩들은 콘크리트나 철골 혹은 석조와 유리 건물이 대부분이지만 일반주택은 거의 목조로 되어있다. 서울의 주거문화 대세는 단연 아파트인데 이곳은 그렇지 않다. 보통은 하우스(개인주택)가 상위이고 다음이 콘도(자가 아파트)이며 공동임대다주택을 아파트라 부르고 있어 서울과는 개념이 다르다.

몇 년 전부터 콘크리트 콘도들이 철거되면서 그 자리에 목조 아파트나 개인주택의 신축이 눈에 띄게 많아졌다. 5~6층 혹은 9~10층까지도 철근과 콘크리트 없이 100% 목재만으로 짓는 건설현장을 보고 있으면 어린아이들의 레고 쌓기 놀이 같아 구경하는 재미도 제법이다.

그동안 나무는 건물의 일부 또는 마감재나 문짝에 주로 쓰였던 것으로 인식돼왔으나 지금 이곳에선 현대식 건축물에도 철재나 벽돌 혹은 콘크리트 등을 되도록 배제하는 추세라고 한다. 한때 공산품 자재에 밀렸던 흙, 돌, 목재가 새로운 가치로 다시 주목받기 시작한 것은 미래의 삶을 한층 높이기 위한 인식의 변화라고 한다. 부러운 뉴스가 아닐 수 없다.

자연 그대로의 아름다움으로 높이 평가받았던 목재는 화재에 취약하다는 게 큰 흠이었으나, 이제는 불이 나도 2시간 이상 견딜 수 있는 단열 목재가 실용화되고 있다 한다. 더 나아가 길이가 길고 짧은 여러 개의 나무를 특수공법으로 붙이고 연결해 길게 만든 CLT(구조용 집성판)의 제작 성공으로 철골 기둥과 콘크리트 슬라브를 대신하고 있음은 물론 내화성, 견고성, 내구성, 안전성, 친환경성까지 해결했다고 한다.

오래전 학창 시절 일본을 여행하면서 일부러 료칸(旅館)이라는 곳을 찾아 숙박했던 기억을 떠올리면 그 의미가 새로워진다. 그때는 일본도 경제적으로 요즘만 못했고 흔한 것이 나무뿐인 데다 지진마저 자주 일어나는 곳이라 목조가옥(일명 하꼬방)이려니 했었다. 그러나 지금 재해석을 해 보면 자연조건에 목재가 많아서만 그랬던 건 아닌 듯싶다. 도쿄올림픽 스타디움을 삼목(杉木) 건축물로 선보였던 걸 회상해 보면 의미심장한 시대적 걸작이었음을 짐작하게 한다. 삼나무 목욕통에 몸을 담그고 났을 때의 개운했던 컨디션은 잊을 수 없는 추억이다.

하긴 한국에서도 요즘 목조한옥에 대한 가치와 인식이 전과 다르다는 보도를 자주 접하고 있다. 통나무집 짓기 캠페인도 있다 하고 강원도와 충북 어디선가는 시민 누구나가 참여할 수 있는 목수 양성 공방도 있어 나무를 다루는 기본부터 집짓기, 가구 만들기 등 목재를 이용한 기술을 누구나 배울 수 있음은 물론, 산림청이나 대학 임(林)학과에도 젊은 층의 관심이 높아졌다는 건 매우 고무적인 희소식이다. 왜냐하면 세계 제일의 임업국 캐나다 대학의 삼림(森林)학과 지원율이 상위권에 속해 있음을 잘 알기 때문이다.

세계 어느 나라든 저마다의 자랑스러운 상징물이 있다. 캐나다는 단풍나무 잎이고 미국은 자유의 여신상이며 우리나라는 국보 제1호 남대문(崇禮門)이다. 즉 언제 보아도 웅장하고 기품 있는 목조한옥이 바로 KOREA의 상징임을 보란 듯 뽐내고 있다. 보기만 해도 생각만 해도 가슴 벅차고 으쓱해지는 대목이다.

효녀 심청이 태어났고 흥부가 부자 된 초가삼간부터 만백성의 어버이가 사셨던 경복궁 근정전까지 모두가 자랑스러운 소나무 집이었다. 그 늠름하고 장엄한 기상과 하늘 향한 추녀 끝 서까래의 곡선미를 가슴에 새기며 고국산천 우러러 향수를 달래본다. 누구나 멀리 떠나 있으면 내 나라가 그리워지고 너나없이 절로 애국자 된다더니 그 또한 하늘의 뜻인가 보다.

밴쿠버와 빅토리아

　5월 셋째 주 월요일은 빅토리아 데이(Victoria Day)다. 밴쿠버 데이는 없는데 빅토리아 데이가 국경일이라니 조금 이상하기는 하다. 하지만 신나는 휴일이라며 손주는 주전부리를 챙기고 어미가 핸들을 잡았다. 농구장보다도 더 큰 BC 페리(Ferry)에 실린 채 도착한 빅토리아는 그림처럼 아름다운 항구도시였다.
　뒷자리에서는 나들이에 신이 났는지 고부간인데도 자글자글 시간 가는 줄을 모른다. 얼떨떨한 가운데 주 정부 청사와 주 의회, 자연사박물관과 미니어처월드 그리고 아이맥스(IMAX)까지 서둘러 섭렵(?)한 다음, 나비가든과 부차드가든의 입장 시간을 고려해 때늦은 점심을 17번 하이웨이를 달리며 차(車) 안에서 햄버거로 견뎠지만 그 또한 꿀맛이다.

부차드가든은 1백여 년 전 시멘트 사업을 위해 석회암을 채굴하던 곳으로 22헥타르의 채석장이 수명을 다하고 몹쓸 폐광으로 변해 사람들이 흉물이라며 외면할 때 로버트 핌 부차드(Butchart) 부부는 꽃을 심기 시작했고, 지금껏 증손자로 대를 잇고 있다. 세계의 꽃 종류를 모두 수집해 놓은 실적으로 '캐나다 국가 유적지'로까지 지정되었다. 인간의 자연 사랑에 대한 아이디어와 정열의 힘이 불가능을 어찌 극복했는지 전화위복의 산 역사가 구석구석 배어 있다. 단순한 수목원이나 꽃구경만으로 끝낼 곳은 아니었다.

이제 그만 귀가를 서둘러야 함에도 도무지 집에 갈 생각이 없는 듯 심드렁할 즈음 분위기메이커 손주가 "오늘 밤 할머니를 위한 이벤트 어때요?" 한다. 말이 채 떨어지기도 전에 "OK! 빙고~ 원더풀~!" 야단이다. 이럴 땐 모르는 척 고개나 끄덕이는 게 상책임을 나도 이제는 안다. 새롭게 핸들을 잡은 둘째가 방향을 북으로 틀고 차 안은 다시 '고래사냥'에 '홀로 아리랑'까지 신이 났다.

목적지는 꿈의 해변 '솔트 스프링'이라는데, 숙소와 낚시도구며 게잡이 통발에 웬(?) 샴페인까지 원하는 모든 것들이 차 안에서 핸드폰 하나로 다 해결되고 있으니 기가 막힐 일이다.

그런데 온종일 설명을 들으면서 아까부터 밴쿠버와 빅토리아가 자꾸만 헷갈린다. 우리는 분명 밴쿠버에서 왔고 이곳은 빅토리아섬(?)인데 왜 이곳이 밴쿠버 아일랜드(島)란 말인가?

150여 년 전 캐나다 건국 이후 1871년에 여덟 번째로 승인된 BC(British Columbia)주(州)가 세계에서 가장 살기 좋은 곳으로 각광받기 시작하면서, 그 중심이 바로 밴쿠버인 걸 모르는 사람은 없다. 그러나 밴쿠버는 섬(島) 이름이고 그 중심이 빅토리아타운(市)이라면 고개가 갸우뚱해진다. 왜냐하면 밴쿠버에 온 외국인들이 대부분 배를 타고 바다 건너 빅토리아를 구경하기 때문이다.

우리가 알고 있는 밴쿠버는 백여 년 전 이 나라에 이민 역사가 시작되면서 새로이 발전을 거듭한 '신도시 밴쿠버'이고 '오리지널 밴쿠버'는 1792년 영국의 탐험가 조지 밴쿠버 선장이 처음으로 발견한 섬(남북 길이 460km)에 자기 이름을 붙여 '밴쿠버 아일랜드(Vancouver Island)'라고 한 데서 유래했으며 그때 밟은 첫 상륙지를 영국 여왕의 이름을 따 빅토리아라 명명했다고 한다.

신도시 밴쿠버의 지명들이 리치먼드, 버나비, 가스타운 등 영어 이름보다 코퀴틀람, 써리, 스쿠아미쉬, 랭리, 토와슨처럼 인디언 원주민의 마을 이름들이 지금도 공식적으로 쓰이고 있는 반면, 빅토리아의 거리는 댈러스, 미시건, 파일로트, 더글러스 등 영어식 표현이 대부분인 가운데 다운타운 중심가의 도로명은 아예 거번먼트(Government)이다. 그곳에 BC주 청사(州廳舍)는 물론 주 의회(州議會)와 법원, 경찰, 박물관, 성당, 뮤직홀, 미술관, 호텔 등 주요 건물들이 유럽풍으로 옛 영광과 권위를 고스란히 간직하고 있다. 신도시 밴쿠버가 지금은 더 큰 규모로 발전하긴 하였으나 BC주의 주도(州都)는 역시 밴쿠버 아일랜드의 빅토리아시(市)이다. 하지만 시대의 변천에 따라 국제공항과 컨벤션센터에 세계무역기구와 초대형 페리가 마음대로 드나드는 신도시 밴쿠버가 국제적인 항구도시로 자리매김하면서 밴쿠버라는 이름을 독차지한 것도 무리는 아닌 성싶다.

여행은 때로 의외성이 있어 해볼 만한 것이라고 했던가? 아니

이 밤중에 옆으로 기어 다니는 게를 무슨 재주로 낚시한단 말인가? 도대체 게잡이가 뭐길래 손주와 아비는 저리도 야단법석일까? 좌우간 우리는 밤바다로 간다. 할머니를 위한 이벤트라니 굿이나 보고 떡이나 먹을 일이다.

밴쿠버 시티 원점(0km) 표지석

사람이 산다는 것

　　캐나다는 만인에게 평등하면서도 일상생활 속에 보호 우선 순위는 분명히 있었다. 그 선후를 가려보았더니 맨 앞자리에 어린이가 있고 그다음으로 노인 그리고 여성과 장애인 애완동물이 뒤를 따랐다.
　　그래서일까 어린이와 청소년에 대한 사랑과 보호의 유별남이 각 가정은 물론 국정운영에서도 뚜렷이 엿보이고 있다. 즉 전 국민의 보험과 의료서비스 무상제공은 말할 것도 없거니와 어린이 양육비(CCB)로 만 18세까지 연간 C$5400불을 지원해 주고, 의료

보험(MSP)에서 제외된 치과에 연간 C$750불, 검안과 안경에 연간 C$300불을 따로 지원하고 있다.

그리고 주(州) 정부 차원의 임신, 출산, 육아에 대한 배려가 빈틈없어 워킹맘들로부터 눈치를 본다거나 경력이 단절되었다는 소리는 들어보지 못했다.

그런데 조금 이상했던 한 가지는 우리의 고교에 해당하는 하이스쿨 12학년까지 모든 학비는 무상지원하면서 점심시간의 교내 단체급식만은 어디에도 없었다. 그 대신 집에서 싼 도시락을 권장하고 있는 것은 더욱 고개가 갸우뚱해지는 대목이었다. 국가에 교육재정이 부족해서일 것 같지는 않은데, 그럼 무엇 때문일까? 아마도 다민족 사회의 서로 다른 음식문화 때문이 아닌가 짐작을 해볼 뿐이다.

그 외에도 성장기 아동복의 경우 만 12세 미만 어린이 의류에 대해서는 연방정부 세금도 주 정부 세금도 모두 면세를 해주고 있어 어린이와 그 부모를 위한 세세한 배려 행정이 너무나 부러웠다. 더 나아가 어린이용품의 불량이나 아동학대 혹은 스쿨 존 30km를 어긴 과속 운전자에게는 보다 큰 중벌이 가해짐은 물론, 어린이 유괴범은 최고 사형이라고 한다. 어린이에 대한 국가와 사

사람이 산다는 것 173

회적 배려가 미래지향적이라는 것은 결국 국가장래를 위한 선(先)투자이며 미래의 희망정치이기에 아낌없이 박수를 보내고 싶다.

그렇게 성장한 청소년들이 선망하는 직업 1순위는 엔지니어라고 한다. 그래서 공대 지망률이 제일 높고 그다음이 간호학과라는데 남녀구분 없이 선호하고 있는 것이 색다르다. 아마도 간호사라는 자부와 긍지가 우리와는 많이 다른 모양이다.

밴쿠버 하면 주택이나 자동차, 각종 세금과 교통비 등 물가가 비싸기로 소문난 도시였다. 그런데 일상생활에 전혀 불편이 없는 생활경제 시스템을 보면서 역시 다르구나 싶었다. 식생활에 대한 세금 정책만 보아도 필수적인 기본 먹거리는 면세인 반면 가공식품이나 기호식품을 구매하면 연방세(GST) 5%와 주세(PST) 7%로 합계 12%의 부가세가 꼬박꼬박 부과된다.

빵이 주식인 이들에게 팔뚝만한 바게트 1개가 C$1불(약 900원)이고 흰 우유 1L도 C$1불이다. 게다가 오렌지, 사과, 케일, 계란, 생닭, 소고기 등이 유달리 저렴한 가격을 형성하고 있는 게 처음에는 도저히 믿기지 않았다. 기본 먹거리를 안정적으로 공급하고 면세까지 해 줌으로써 시민들에게 일상생활을 최대한 보장해 주고 있는 셈이다.

최근 BC 자치주(州)에 의하면 매년 감세정책을 실시해 오던 개인의료보험(MSP)료를 2020년부터 전액 면제한다고 발표해 시민들이 기뻐하고 있다. "세금 많이 거두어 흥(興)한 나라 없고 세금 적게 거두어 망(亡)한 나라 없다"고 했다는데 국민의 마음을 기쁘게 하는 것이 국력이구나 싶다.
　저렴한 먹거리가 일상생활의 전부는 분명 아니다. 하지만 기본 생필품의 저가 정책에 세금까지 면제해줌으로써 국민에게 주는 심리적인 편안함이야말로 사회 안정의 기본이 아닐까? 하지만 공짜와 선심성 현찰 지급은 절대 금물이라고 한다.

　노인을 존경(敬)하고 아이를 소중(重)히 여기며 여성과 약자를 귀(貴)하게 대하면서 기본생활을 보장해주고 있는 사회적 합의는 자유당, 보수당, 녹색당, 민주당, 공산당, 연합당, 행동당 등 정권이 어찌 바뀌든 정책의 일관성에는 변함이 없다는데, 진정으로 국민을 사랑하고 위하는 으뜸 국가경영이 이런 것 아닌가 새삼스럽지 않을 수 없다. 그런 사회라면 살 만한 세상이 아닐까? 오직 국가의 미래와 국민만을 위한 봉사가 정치의 본질이라는 걸 새삼 되새겨보게 한다.

First Nation

　인디언 마을에 봉사하러 가자는 말을 들었을 때, 문득 흘러간 영화 한 편이 생각났다. 머리에 깃털을 꽂고 달리는 말에 올라 창을 휘두르며 들소를 사냥하던 인디언의 모습과 티피(Teepee, 원뿔 천막) 앞 모닥불에 옹기종기 모여 앉은 아이들이 추장님의 이야기에 귀를 쫑긋 세우고 듣던 장면이었다. 그런 상상들이 꼬리를 물었다.

　캐나다 원주민이란 우리가 흔히 말하는 아메리칸인디언을 말한다. 그런데 인디언(Indian)이라는 말보다는 원주민(First Nation)이라 표현해야 올바르다는 사실도 새삼 깨닫게 되었다. '원뿔 모양의 천막 내부는 어찌 생겼으며 그들은 무슨 옷을 입고 뭘 먹고 살까? 어쩌면 깃털 모자를 쓴 추장님과 멋지게 사진도 찍을 수 있겠지' 싶었는데 바다 건너 세 시간 반 걸려 찾아간 빅토리아섬 나나이모 원주민 마을은 전혀 딴판이었다.

인디언 텐트라고 부르는 티피는 찾아볼 수 없었고 그냥 흔히 보는 하우스(개인주택)에 살고 있었으며 입고 있는 옷도 우리와 다르지 않았다. 집집마다 서 있는 고급 자동차와 거리의 Totem Pole(장승)이 묘한 대조를 이루며 일행을 어리둥절하게 했지만 우리들과 매우 닮은 듯 보이는 그들의 동양적인 얼굴이 신기하면서도 친근감을 주어 다행이었다.

그런 원주민 마을이 도처에 900여 곳이나 있다는데, 아직도 백인에 대한 두려움과 증오의 트라우마가 많이 남아있다고 한다. 정부 지원의 주택과 보조금으로 어려움 없이 살아가고 있는 원주민의 일부는 딱히 일할 필요가 없으므로 운동 부족의 비만 체형에 하릴없이 술과 마약으로 빠져들기 일쑤라는데, 그런 부모가 아이를 낳아도 정신적인 방황 속에 제대로 돌보지 못하므로 아이들이 환각에 노출되면서 해마다 자살률까지 늘어나는 추세라고 귀띔한다.

일정대로 가가호호 방문하며 '혹시 아픈 사람은 없느냐?', '도와주고 싶은데 커뮤니티센터(마을회관)로 와주면 좋겠다' 하면서 작은 선물을 건넬 땐 엷은 미소를 띠기도 하여 우리를 기쁘게 했다. 커뮤니티에서의 본 프로그램 진행에서는 보조 역할 정도에 그쳤지만 고만고만한 아이들의 까만 눈동자를 생각하면 지금도 가슴이 짠해져 온다.

특히 가르넷(15세)과 셀든(11세) 두 남매는 아버지를 모른 채 마약으로 무기력증에 빠져 사는 어머니(34세) 대신 할머니(55세)와 지내면서 고맙게도 같이 나와 주었다. 이 마을에는 이처럼 부모 대신 조부모 밑에서 자라는 아이들도 있다고 한다. 끝까지 뒷자리를 지켜 주었던 할머니는 아이들이 방황하며 마리화나에 빠질까 걱정이 많았는데 봉사단 여러분들이 친구가 돼 주어 무척 고맙다고 했다.

고대 로마 시대의 가장 무서운 형벌(罰)은 호모 사케르(Homo Sacer)였다. 인간존재감을 상실시킨 형(刑)으로 옥(獄)살이나 처형이 아니라 사회 안에서의 추방이었다. 목숨은 살아 있되 나의 존재가 없다는 것, 군중 속에 내가 들지도 못하고 사회에 낄 수조차 없는 것 등이었다. 꼭 원주민들에게 그런 형벌이 가해진 것은 분명 아니지만 백인들과 어울려 살기에는 현실적으로 애매하고 자기네 정체성을 찾기는 더욱 어렵게 되어 이래저래 이방인의 신세로 떠밀려가고 있는 원주민들의 실상이 안타깝기 그지없다.

캐나다 같은 부자 나라에 봉사활동이 무슨 소용일까 싶었었는데, 그게 꼭 가난한 사람들에게만 필요한 것은 아니었다. 영어캠프 교육봉사단도 있고 카운슬링 및 의료봉사단도 있으며 노래와 댄스, 종이접기와 태권도를 가르쳐 주는 아카데미봉사단 등 다방면의 활동들이 있었다. 원주민과 함께하는 동안은 "오롯이 그들과 친구 되는 것"이 단원들의 좌우명이었다. 무의식 속에 잠자고 있던 편견 하나가 낯선 현실을 만나 쉼 없이 갈등했던 긴긴 하루였다.

이다음에는 아이들과 한자리에 둘러앉아 빵 한 쪽이라도 나누며 공기놀이와 창던지기도 하면서 한국의 전통문화도 나눠보고 싶다. 그리고 가슴 밑자락에 숨겨져 있는 백인에 대한 편견도 어루만져 주면서 유구한 세월 이 땅을 호령했던 그들의 강인하고 용맹스러웠던 조상을 기억하게 해주고 싶다.

75억 지구촌은 만인에게 평등하고 공정한 둥근 세상이다, 원주민들에게 그런 세계가 있음을 깨우쳐 줌으로써 저 아이들이 넓고 푸른 하늘 아래 희고 검고 노란 많은 이웃들과 어울려 활개를 치며 행복한 삶을 함께 열어갔으면 좋겠다. '포용과 상생(相生)' 그것은 인류공영의 키워드니까.

가르넷, 버찌니, 토미, 스콰이, 헤리엣, 코퀴, 시애틀, 알프레즈, 써리, 토와슨, 셀든, 나나이모 그리고 함께했던 동네 아이들이 손을 흔들며 인사를 한다.

"하이츠카(Thank You)"
한 명씩 꼭 안아주고 볼을 맞대며 나도 속삭여 주었다.
"나마이꽈(You are Welcome)"

양심 그리고 운전

  캐나다는 만 16세부터 운전면허 학과 시험을 볼 수 있다. 합격하면 가로세로 9/12cm 정도의 빨간 바탕에 "L"자가 새겨진 표시판을 차량 뒤편에 붙이는 조건으로 운전을 할 수 있다. 단 25세 이상의 정규 운전면허 소지자가 반드시 동승해야 하며 정원 3명을 초과할 수 없고 야간 운행은 불가하다. 그렇게 1년간 무사고일 경우 소정의 도로주행시험 자격을 얻고 이를 통과하면 "L"자 표시판이 "N"자로 바뀌면서 바탕도 녹색으로 변한다. 그리고 다시 2년간 무결점일 때 제2차 도로주행시험을 볼 수 있고 이를 또 통과해야 한다.

그러니까 "빨간 판 L" 즉 Learner(배우는) 입장에서 1년 동안 교통안전, 운전자의 예절, 사회적 배려 등과 함께 운전기술을 습득한 후 1차 도로주행 시험을 통과해야 하고, 다시 "녹색 판 N", 즉 Novice(초보) 운전 2년 동안 일반 상식을 포함한 운전자로서의 '인성과 교양' 등을 국가 검증 도로주행시험으로 합격해야 한다. 첫해 학과시험부터 시작하여 많은 규제와 요구사항들을 최소 3년간 성실히 이행함으로써 5급(2종 보통) 운전면허증을 받는다.

운전 중 안전띠 미착용이나 신호위반이면 C$170불 벌금이고 핸드폰을 사용했다면 최하 C$360불에 4포인트 벌점까지 부과된다. 단 블루투스나 핸즈프리는 예외다. 그렇다면 음주운전은 어떨까? 두말할 것 없이 즉석에서 차 열쇠가 압수되고 90일 면허정지에 혈중 알코올 정도에 따라 C$1000불(약 100만 원) 이상의 벌금은 물론 1년 동안 알코올 자동인식기를 자비(C$2500불 상당)로 부착해야 하며 C$880불의 수수료를 내고 안전교육도 받아야 한다. 이에 불만이 있으면 법에 호소할 수는 있으나 1년 정도 우리 돈 약 800~1000만 원의 소송비용을 각오해야 한다.

서울에서는 운전면허학원에 등록하고 학과시험을 치른 다음

코스시험을 통과하면 바로 도로에 나가 6시간 동안 연습하고 도로주행시험 후 운전면허증을 받는다. 시험만 잘 보면 된다는 한국식 교육방식의 대표적인 사례로 한 달 만에 면허증을 받을 수도 있으니 보행자나 사회적 배려와 책임에 대한 기본과 운전 예절 등을 배울 기회조차 없음은 물론 운전 기술의 숙련 기간이 전혀 없다는 건 심각한 문제가 아닐 수 없다.

　외국인들이 '서울 운전에 현기증이 난다'고 했다는데 그 말이 결코 과장은 아닌 듯싶다. 좁은 땅에 1000만 인구가 사는 대도시라 어쩔 수 없는 현상이라고 떼(?)를 써 보기에는 이제 세계 속의 서울로 성장했으므로 양심상 격에 맞지 않는 억지다.
　사람 중심의 기본질서를 소중히 여기며 사소한 규칙도 잘 지키는 상식의 성숙이 선진사회를 구축한다는 것은 기본이다. 염치없이 빵빵거리고 양보 없이 끼어들고 조급하게 꼬리 물며 혼자 법을 어기고도 마치 특권인 양 거들먹대던 시절도 예전에 있었지만, 이는 오로지 인성의 문제이므로 아무리 작은 규칙이라도 누군가가 은근슬쩍 양심을 저버리는 순간 기존의 질서는 무너지기 일쑤이고 졸지에 후진국형 무질서 사회로 전락하고 만다.

밴쿠버 다운타운에서 노스밴쿠버 집으로 귀가하려면 스탠리 파크를 지나 라이온스 게이트 브리지(LGB)를 건너야 한다. 이 다리는 샌프란시스코의 금문교(GGB)와 같은 현수교이지만 3개 차선뿐이라는 것과 중앙분리대가 없다는 점이 크게 다르다. 3개 차로 중 가운데 1개 차로를 O, X 가변차선으로 운영하면서 때에 따라 통행량이 많은 쪽이 2개 차로를 쓰고 상대적으로 한가한 방향은 1개 차로만 운행한다.

시간별 조정을 통해 3개 차선만으로 4차선 도로의 용량과 역할을 손색없이 소화해내고 있다. 기가 막힌다는 생각에 앞서 '그게 어찌 가능할까?' 궁금했다. 운전자의 안전과 사고방지를 위해 중앙분리대까지 설치해 놓았음에도 교통사고가 끊이지 않고 있는 서울을 생각하면 상상하기조차 힘든 상황이다.

하루 날을 잡아 LGB 1.7km를 걸어서 건너보았다. 우측 2개 차선은 차들이 여유롭게 흘러가고 좌측 1개 차선은 서행으로 밀려오고 있었다. 드디어 가운데 차선의 파랑 신호등이 노란 경보등으로 바뀌더니 깜빡이기 시작한다. 순간 중앙차도의 차들이 속도를 줄이면서 오른쪽 차선으로 차례차례 흡수되고 12분 후 도로가 텅 비면서 신호등이 빨간색으로 바뀌고 3분 후 텅 빈 중앙차로에 반대편에서 차들이 달려오기 시작한다. 이제 가는 차선은 하나가 되고 오는 차선이 두 개가 되었다.

불과 15분 만의 깜짝 변화로 밀렸던 좌측 차량들이 두 개의 차선으로 시원하게 달려온다. 중앙차로 하나를 가변시켜 탄력적으로 운영함으로써 러시아워의 해소는 물론 교통 혼잡으로 인한 범국가적 경제손실까지 저렇게도 절감하는구나 생각하니 국민을 위한 세금 절약 국가경영이 놀라울 뿐이었다.

모든 사람이 법과 양심에 따라 착한 운전을 했을 뿐 결코 기적이 일어난 건 아니었건만 꼭 '모세의 기적'을 본 것 같은 환상이 아직도 눈에 선하다. 다름이 남다른 다인종·다문화 사회임에도 캐나다가 존경받는 성숙한 양심의 모습을 보고 또 본다.

일요일의 행복

　오늘은 일요일, 성당 가는 날이다. 서울처럼 동네마다 교회가 있는 게 아니어서 차량으로 이동하는 게 조금 불편하기는 하지만 그곳에 가면 우리 교민들만의 우리말 천국이라 속이 뻥 뚫리는 듯 시원하다. 성서는 물론 강론과 성가와 기도가 모두 서울에서와 똑같은 데다 친교의 시간으로 이어지는 애프터 타임은 또 다른 색다름이다.
　미사 후 자리를 옮겨 자유롭게 둘러앉은 원탁은 약속이나 한 듯 아이들은 아이들대로, 주부와 청장노년층은 또 그들 나름의 세대별 그룹이 되어 저절로 공감대를 이루며 이야기꽃을 피운다. 미리 준비된 음료와 김밥, 떡, 과일 등을 서로 나누며 오순도순 어울리는 모습이 가족처럼 친근해 보여 좋다. 직업군이 각양각색인 저마다의 사는 얘기와 살아갈 이야기들을 듣고 있으면 마치 교민사회의 정보교환센터라도 된 듯 모두가 진지하고 적극적인 표정들이 놀랍기만 하다. 화제가 고국 소식으로 바뀌며 시선이 내게로 쏠리면 잠시나마 TV 시사 토크쇼에 나선 게스트라도 된 기분이다.

언제 왔느냐, 몇 살이냐, 서울서 뭐 했느냐, 애들은 몇이냐, 왜 왔느냐, 무얼 하고 지내느냐, 영주권은? 등 한국인의 낯선 자를 향한 호구조사(?) 본능은 오나가나 말릴 수 없는 통과의례인가 보다. 재미있는 건 역시 가십성 예체능계 소식이고, 힘든 건 잘 알지 못하는 서울 아파트값 시세이며 가장 조심스러운 건 남북문제와 정치성 뉴스다. 한 치 속내를 알 수 없는 이데올로기의 심각성이 상상 이상으로 오해와 갈등의 부작용을 불러올 수 있기 때문이다.

귓갓길에 들러보는 인근의 내셔널 파크 오픈마켓은 마치 피크닉을 즐기는 기분까지 든다. 우리의 재래시장은 고정된 상점에서

지정 품목을 파는 상설점포지만 이곳은 상점을 소유하지 않고 허가된 공유지에서 매주 일요일 순번대로 자리를 바꿔가며 장사를 하고 있다. 2백여 개의 임시부스 가운데 절반이 식료품인데, 농장에서 직접 수확한 주키니, 갈릭, 스피니치, 캐비지, 프룻 등 농산물이 대부분이지만 수제 소시지나 치즈, 햄, 빵, 시럽, 잼도 인기다. 셀러리, 케일, 큐컴버, 로메인 등 쌈 채소도 제법 풍성하기는 하나 서양 사람을 닮았는지 크기가 너무 큰 게 조금 부담스럽긴 하다.

그뿐만 아니라 모자나 신발, 액세서리, 장난감도 있고 각종 꽃들이 이들의 일상생활을 말해주듯 다양한 가운데 가끔은 낯설고 신기한 원주민들의 인디오 민예품도 볼 수 있어 눈을 즐겁게 한다. 역시 즉석 푸드 트럭의 인기는 여기서도 어른, 아이 할 것 없다. 타코, 케밥, 핫도그, 아이스크림 그리고 그 옆에 떡하니 버티고 있는 회오리감자와 붕어빵 코너! 아, 대한민국도 거기 있었다. 우리 교민들이야 말할 것도 없거니와 파란 눈과 곱슬머리의 남녀노소들이 줄을 서 기다리고 있는 모습에 왜 갑자기 코허리가 시큰했을까. 바삭하고 달콤했던 붕어빵 한 입의 맛이라니…. 환한 웃음이 행복해 보였던 Kim(김) 아저씨와 Busan(부산) 아지매에게 힘내시라며 엄지 척으로 답해 주었다.

대개의 마켓 쇼핑은 시간을 절약하기 마련이지만 이처럼 공원에 차려진 노천 장터는 딱히 사야 할 물건이 없음에도 소풍 나온 기분으로 여기저기 기웃거리다가 처음 보는 묘하고 이상한 물건들에 대해 물어보는 재미도 쏠쏠하다. 우리와 달리 '흥정'과 '에누리'가 없는 것은 조금 아쉽다.

낯선 곳에서는 장터만큼 자유로운 곳도 없다. 조금은 어설프고 어수선하지만 볼거리, 먹거리가 친근감을 더해주고 거기서 말씨와 맘씨에 풍습까지 그들 삶의 맛과 멋을 오감으로 느끼며 사람을 읽어볼 수 있어 좋다. 동남아의 수상 시장, 모스크바의 아르바트, 페루의 풍물 코너, 마드리드의 개라지 세일, 카이로의 벼룩시장, 카슈가르의 바자르 등, 사람 가운데 시장이 있고 거기 원초적 삶의 원형들이 있었다.

세상은 넓고 길은 사람 따라 끝이 없으나 고만고만한 삶들이 거기서 거기인 양 옹기종기 모여 서로 주고받고, 사고팔며 삶을 이어가고 있다. 그러다가 산을 넘고 바다를 건너면 색다른 언어와 낯선 문화의 충돌에 잠시 얼떨떨하지만 그것은 신토불이의 자연스러운 현상일 뿐 삶의 내면을 들여다보면 서로들 많이 닮아 있는 게 너무도 신기하고 흥미롭다.

"사람 사는 거 다 거기서 거기여~" 생전에 할머니께서 자주 하셨던 말씀이다.

아메니다 사람들

'아메니다(AMENIDA)'는 독립적 생활을 돕는 시니어하우스로 밴쿠버 서리(Surrey) 68번가에 있다. 한국인이 운영하는 유일한 복지재단으로 성경의 끝 구절인 '아멘(Amen)'을 우리말로 풀어 '아메니다'라 부른다고 한다. 영주권자 이상의 한국인 100명과 캐나다인 100명이 공동생활을 하고 있지만 세계 각국의 이민자들이 모여 있어 국적과 언어 면에서는 가히 국제적이다.

이인복 씨는 1932년생 88세로, 5남매 중 큰 딸네가 47년 전에 이민 왔고 그 후 10년 사이 온 가족이 건너와 접시닦이, 세탁소,

주유소, 모텔 등 가리지 않고 일한 결과 손주들은 회사원, 목사, 엔지니어, 부동산 중개인 등으로 성공했으나 이제 남은 건 보행기 없이 못 걷는 불편한 몸뿐이라, 아이들 불편할까 봐 자청하여 '아메니다'로 입주해 두 해째지만 '여한(恨)은 없다'고 거듭 강조한다. 그러면서도 딸네 집도 손자들 집도 가까이 있다면서 가족의 정(情)이 그리운 듯 먼 하늘을 자꾸 쳐다본다. 자식은 부모에게 무엇이며, 부모는 자식에게 "가시고기"일 뿐인가?

임희숙 할머니는 독실한 크리스천이었다. 어렵사리 이야기를 주고받는 사이 틈만 나면 '아멘' '주여' '할렐루야'를 입에 달고 있다. 어쩌면 그럴 수 있는지 궁금하여 물어보았더니 "하루하루 천국이 가까워지는데 선생 양반은 기쁘지 않수?" 반문한다. '아차, 실수했다' 싶어 얼른 고향을 물었더니 "충북 괴산에서 나 서울로 시집갔다가 남편 따라 이민을 왔고, 그 양반 먼저 갔고 나도 곧 천국에 갈 참"이라며 또 "할렐루야" 한다. 천국에 임하는 일이 그리도 기쁠까? 진정일까? 종교의 힘일까? 믿음의 기적일까? 버거운 화두(話頭)를 안겨 준 할머니는 나이가 96세지만 아직 치매는 아니라고 주위 분들이 귀띔한다.

별명이 'Madame Butterfly'라는 간노 히데코(99세) 씨는 나가사키가 고향인 데다 지나온 삶의 행보가 푸치니 가곡 '나비부인'의 주인공 '초초상'과 비슷해 사람들이 그리 부른다고 한다. 영어가 편하다는 그가 나가사키에서 동경으로, 요코하마로, 하와이로, 다시 나가사키로 환국했다가 거기서 로스앤젤레스를 거쳐 이곳 밴쿠버까지, 사랑하고 헤어지고 또 사랑하며 살아온, 아니 흘러온 삶을 이야기하는 동안 내 머릿속에서는 온통 가곡 '어느 개인 날'의 노랫말이 떠나지 않았다. 뮤지컬의 남자 주인공 '핑커튼'보다 더 멋쟁이였다는 오또(夫) 상을 오늘 밤도 꿈속에서 기다릴 거라며 눈시울을 붉히고 있는 그녀는 천상 '사요나라'의 나라에서 온 '나비부인'이었다.

김복동 씨는 을사년(1910년) 생으로 109세다. 내 생애에 뵌 최고령 어른이다. 비록 지팡이를 짚었지만 건강해 보였다. 그날은 마침 막내딸(78세)이 아버지를 뵈러 시애틀에서 찾아와 떡 잔치를 벌이고 있었다. 그는 압록강 변의 신의주가 고향으로, 1·4 후퇴(41세) 때 피난을 내려와 온갖 고생 끝에 아들이 선교사가 된 인연으로 환갑 되던 해(1971년)에 캐나다로 이민까지 오게 되었단다. 인생유전(人生流轉)이 따로 없다. 연금으로 자식에게 의존 없이 이

만큼 살고 있으니 복이라면 복이겠지만 부녀 상봉이 TV 이산가족 프로그램을 연상케 하고 있었다. 언제 또 뵐 지 기약 없는 이별에 침묵만이 흐를 뿐 부녀는 말이 없다.

인도 사람 라훌라 씽(91세)은 근사한 구레나룻에 터번을 쓴 전동휠체어맨이다. "어찌 여기서 사느냐?"고 했더니 "일을 못 해서…"란다. 39세에 온 가족이 농업이민으로 건너와 평생 블루베리, 엘더베리, 블랙베리 등을 재배해온 베리 농장 3만 평에, 3대 가족 32명이 한집에 살면서 아이들 빼고는 모두 일을 하는데 정작 자기가 돌봄의 신세가 되어 일손을 축내는 게 싫었다고 한다. 이역만리 떠나와 피땀으로 성(城)을 이루고 성주(城主)가 됐으면 이제 호강을 해도 되련만 남은 식솔들을 위해 짐(?)을 덜어 주고 싶었다며, 시바 신(神)의 뜻이라면서 "나마스테!" 두 손을 모은다.

1971년에 아르헨티나로 이민 가 편물 공장 14년, 돈 벌어 캐나다로 재(再)이민을 온 지 33년 된 오창범 씨는, 94세의 나이가 믿기지 않아 왜 여기서 살까 궁금했다. 5년 전 아내에게 치매가 왔고 어찌할 바 몰라 입소했는데 아내는 그만해서 다행이나 시도 때도 없는 가출 때문에 곁을 지킨 지 4년 반, 어차피 창살 없는 감옥일 바에는 서둘러 한국으로 가겠다며 피식 웃는다. 그래도 뼈는 고향에 묻고 싶다는 것이 귀국 이유란다. 수구초심(首丘初心)이 옛말인 줄만 알았는데 그런 분을 이런 곳에서 만나다니 의외라고나 할까?

조용히 책을 읽고 있던 마크롱 씨는 벨기에 아빠와 스위스계 엄마의 손을 잡고 열 살 때 이민 와 77년을 살았으니 올해 87세다. 45년간의 버스 운전을 마치고 택시기사로 여유를 찾았으나, 불에 덴 것 같은 발바닥 통증으로 일을 더 할 수 없게 돼 화병까지 났었다고 한다. 불치판정으로 집을 떠나 이곳에 왔지만 무료하고, 갑갑하고, 하루 밥 세 끼 먹는 것 외에 살아 있다 할 이유를 찾지 못해 방황한 지 1년여, 이제 겨우 24시간을 활용할 수 있게 됐다며 어깨를 움찔한다. '빨리빨리'가 몸에 밴 한국인들도 이제는 '한가함을 즐길 줄 아는 지혜'를 익혀 남은 삶들이 모쪼록 평온했으면 좋겠다.

어디선가 피아노 소리가 은은하다. '오빠생각', '퐁당퐁당', '가고파'를 연주한 이는 뜻밖에도 말쑥한 여인이었다. "혹시 이곳 직원인가요?" 했더니 아니란다. 부부는 서울에서 사내 커플로 만나 기반을 잡고 소원대로 독립하여 오퍼상까지 순조로웠으나 운명은 거기까지, 1997년의 IMF 사태에 흑자도산 쇼크로 남편이 쓰러졌고 겨우 휠체어 신세가 되어 재활 목적으로 잠시 왔던 길이 어언 21년, 아직도 반쪽이 어둔한 그이의 반쪽으로 살아가지만 그나마 '아메니다'에 왔으니 다행 아니냐며 한국의 장애인들 소식을 전해 들을 때면 가슴이 아프다고 했다. 그이의 필담(筆談)으로 피아노를 연주해줄 때 가장 행복하다는 김수자(79세) 씨는 이곳의 최연소 입주자였다.

그렇다. 인생사 생로병사(生老病死)요 회자정리(會者定離)라 하지 않았던가? 대명천지 이 세상에 불효(不孝)할 자식이 어디 있으랴마는, 다들 오고 싶어 왔다고는 하나 그게 본심(本心)일지는 하늘이나 알 일이다. 어쨌든 이래저래 '아메니다' 가족이 된 이상 마음을 다잡으며 범사(凡事)에 감사할 일이다. 왜냐하면 그 길만이 본인을 위하고 가족을 아끼는 최후의 보루(堡壘)이기 때문이다. 따뜻하게 손을 잡아준 어르신들께 외람되어 말씀 못 드렸지만 "일체유심조(一切唯心造)"의 깊은 뜻을 한 분 한 분의 마음 그릇에 담아 드리고 싶다. 그래야 삼시 세끼라도 편히 드실 것이며 남은 가족들 마음을 편(便)케 해줄 테니까.

비까지 내리던 그 날, 인터뷰를 허락해준 쉐리 브라운 총지배인 및 산드라 프린스와 박수정 매니저님 그리고 임직원을 비롯한 한식 담당 주방 엄마들의 천사 같은 미소에 감사와 성원을 보내며 모두가 오래도록 강녕하시길 두 손 모아 기원해 본다.

아메니다 하우스

바람

태평양 너머
달려온 바람
묻어온 님
무심한 연(緣)
못다 한 정
스치는 바람

— 밴쿠버 노스밴

| 내 생애 최고의 날 |

우리 것은 좋은 것이여
캐나다 데이
타산지석(他山之石)
골프가 뭐길래
비전 퀘스트
밥과 술
영주권과 시민권
미타쿠예 오야신
내 생애 최고의 날

우리 것은 좋은 것이여

　　캐나다 데이는 캐나다 건국기념일로 이 나라에서 가장 큰 경축(祝)일이다. 오타와, 토론토, 몬트리올 등 국가적 기념식은 말할 것도 없거니와 밴쿠버 다문화가족들도 그들 고유의 자랑스러운 전통문화예술을 뽐내며 더불어 축하하고 있다.
　　캐나다 데이 전날 오후 7시, 한국 동포들이 마련한 전야제 축하무대가 론스데일 쉽야드 스퀘어에서 국악한마당으로 펼쳐졌다. 행사장 입구부터 풍물패가 풍악을 울리며 '길놀이'로 입장하자 사람들이 모두 일어나 박수로 환영한다. 단상 앞에서 신명 나게 한바탕 판을 벌이니 얼~쑤! 어깨춤이 절로 난다. 역시 우리 전통음악은 한국인의 신명을 돋우는 저력이 있어 좋다. 여기가 서울도 아니고 남원 춘향골도 아닌 캐나다 밴쿠버인데도 마치 국내 행사인 양 들썩들썩 흥겹다.

사실 이렇게 야외공연을 하게 되면 주위의 영향으로 집중이 잘되지 않기 때문에 주최 측은 좀 더 신명 나는 레퍼토리를 고민하기 마련인데 그걸 이들도 잘 아는지 첫 순서가 난타 공연이었다. 우렁찬 대북 소리로 천둥벼락 치듯 서막을 알리고 이를 신호로 작은북, 중간북, 항아리북, 용트림북 등 북재비들이 너름새를 곁들이며 안무와 함께 힘차게 북을 치면서 한바탕 두드리고 나니 모두들 속이 후련한 듯 아낌없이 박수로 화답한다.

뒤를 이은 부채춤의 곱디고운 선율이 우리 민족의 정서를 한껏 뽐내며 장내를 사로잡는다. 부채와 한복이 어우러진 색감은 단청이 곱게 물든 사찰의 처마 끝을 닮았다. 아름답고 부드러운 곡선이 매력인 부채춤의 하이라이트는 역시 무궁화 꽃을 만들고, 꽃이 피고 질 때마다 터지는 관중들의 환호와 박수는 단연 압권이었다. 한민족을 대표하고도 남을 춤사위임이 자랑스럽다. 그래서일까 캐나다인들과 관광객으로 보이는 세계 각국의 남녀노소들까지 한국의 멋에 빠져드는 듯 진지하다.

진행자의 깜짝 멘트가 이어지는 동안 무대는 한순간에 이곳 원주민들 차지가 되었다. 깃털 모자에 아메리칸인디언 의상도 모자라 원색으로 치장한 얼굴들이 영화의 한 장면을 연상케 하더니 발을 구르며 마구 북을 두드리는 솜씨가 예사롭지 않다. 우리의 난타 연주와 음악적으로 단순 비교를 할 필요는 없지만 심(心)적 느낌만은 십분 이해하고도 남을 만했다. 괴성에 가까운 외침 소리가 조금 어수선했지만 그 자체가 그들의 문화이고 예술이며 영혼이라면 내용이야 어떻든 잘하고 못하고를 따질 이유는 애초에 없지 않은가?

민속음악이란 그 민족의 정체성을 가장 잘 함축하고 있는 특성을 지니고 있다. 인디오의 북 공연을 보면서 어쩐지 한(限) 서린 몸부림인 듯 느꼈던 것은 무의식 속에서 동병상련의 아픔을 함께했던 건 아니었는지도 모른다. 우리의 옛 음악에도 한의 정서가 밑바탕이었듯 원주민들의 음악에서도 그와 비슷한 걸 공감하며 함께 감동하고 공명했음은 얼굴만 닮은꼴이어서가 아니었을 것이다.

역시 마무리는 사물놀이 한판이었다. 태평양 건너에서 울려 퍼진 쇠, 징, 장구, 북소리가 마치 '조국의 찬가'인 양 감격스러웠다면 너무 과한 표현일까? 커튼콜에 전 출연자가 무대에 올라 함께 부른 우리 민요 '아리랑(Arirang)'이 울려 퍼질 땐 너나없이 눈시울을 붉히기도 했다.

한국 교민의 캐나다 데이 전야제를 위해 찬조 출연한 그리스 밴드는 감미로운 선율의 발라드를 노래했고, 기타와 보컬로 구성된 독일의 밴드 '움파파'는 유럽 전통의 유명 곡들을 선사해 주었으며, 캐나다 팀은 UBC캠퍼스합창단이었는데 특히 피아노 솔로를 선보인 퀸(Queen)의 '보헤미안 랩소디'는 매우 인상적이었다.

이토록 국악과 서양음악에 원주민 민속음악까지 지구촌의 노래와 춤이 하나 되었던 캐나다 데이 경축 전야제는, 다문화 사회인 캐나다에서 다민족예술을 꽃으로 피워낸 복합문화축제였다. 그 중심에서 역시 '우리 것은 좋은 것이여~' 흥겨웠던 국악대제전! 가장 한국적인 것이 가장 세계적이라는 평범한 진리를 새삼 깨우쳐준 국악 한마당! 다문화 악동(樂童)들과 함께해서 더욱 돋보인 코리안 페스티벌! 오늘따라 우리 민속음악이 이토록 자랑스러울 수가 없다. 원더풀 코리아, 파이팅이다!

캐나다 데이

    2019년 7월 1일은 캐나다 건국 152주년 기념일이다. 몇천 년도 아닌 숫자로 보아 '개천절'이라기보다는 영국으로부터의 자치 '독립일'인 듯싶은데, 이들은 굳이 '건국일'이라 부르며 연중 최고 기념일로 꼽고 있다. 집집마다 베란다와 현관에 예쁘게 디자인한 크고 작은 국기가 걸리고 지붕을 국기로 도배한 차들도 많이 보인다.
    평소 조용하던 TV도 기념행사를 안내하느라 바쁘다. 스탠리 파크의 다문화 민속축제, 그랜빌의 재즈 라이브쇼, 워터프론트의 지구촌 댄스파티, 리치먼드의 1500파운드 야생연어 바비큐, 캐나다 플레이스의 뮤지컬, 잉글리시 베이의 불꽃놀이 등 그중 이민자페스티벌 행진에 우리 교민들이 참가한다는 뉴스에 다운타운 롭슨 스트리트(街)를 찾았다. 자랑스러운 조국의 모습이 어떻게 선보일지 몹시 궁금했다.

거리는 사람들로 가득했고 경찰차 한 대가 텅 빈 도로를 왕복하며 질서를 안내할 뿐 교통경찰이나 전경 의경 등은 어디에도 없었다. 잠시 후 빨간 소방차가 경적을 울리며 지나가고 뒤를 이어 고적대를 앞세운 "CANADA 152" 대형 국기가 등장하자 "O Canada" 국가(歌)를 부르며 "캐~ 나~ 다~!"를 연호하기 시작한다. 그리고 뒤따른 퍼레이드 첫 순서는 뜻밖에도 인디오였다. 누대를 이 땅에서 살아온 원주민들이 북을 두드리며 울긋불긋 분장한 얼굴에 깃털 모자와 창, 방패를 든 옛 모습 그대로 나타나자 모두가 박수로 환영하는 모습이 과연 캐나다답다.

올림픽 때처럼 이민자들의 나라가 ABC 순으로 지나가는 축제 행렬을 두 시간이 넘도록 지켜보면서 때로는 '외국인들이 벌이는 국제행사인가?' 착각이 들기도 했지만 이는 분명 캐나다 자국 시민들의 축하퍼레이드였다. 이처럼 국민 다수가 이민자들임에도 서로 다름을 인정하고 철저한 시민정신으로 화합하며 성숙한 국가관에 힘입어 공공의 질서를 스스로 지키고 있는 캐나다 모자이크 문화의 실상을 보면서 이게 바로 이 나라의 국력(力)이구나 싶었다.

드디어 KOREA의 차례, 농악대를 선두로 태권도 복장을 한 청소년들의 행진에 이어 한복을 입은 신랑 각시와 아낙들이 도로 가의 시민들에게 손을 흔들자 "코리아, 넘버원!" 박수가 쏟아진다. 뒤따라 긴 칼을 옆에 찬 이순신 장군과 곤룡포 차림의 세종대왕이 지나가자 한국의 임금님(King)을 알아보고는 모두가 엄지를 치켜세운다. 브라스 밴드의 '아리랑'에 맞춰 남녀노소 4명이 떠받친 태극기가 펄럭일 땐 뛰쳐나가 아리랑을 함께 부르며 걷고 싶은 걸 꾹 참았다. 그건 규정위반이라고 들었기 때문이다. 그 어느 나라 이민자 행렬보다도 훌륭했던, 세련되고 당당한 KOREA의 모습이 시야를 벗어날 때까지 '장하다, 멋지다, 최고다'를 여러 번 외쳤다.

행렬이 끝난 다음 뒤따르던 경찰차에 아이들이 달려가 뭐라고 말하자, 차가 길가에 서고 여경 두 명이 내려 무언가 설명을 하더니 아이들이 차 안을 들락거리며 숨바꼭질하듯 웃고 떠든다. 불이 번쩍거리는 차가 이상하다는 아이들에게 주저 없이 친절을 베풀고 있는 경찰 모습이 왜 그리 낯설고 생소했을까?

집으로 돌아오는 길, 동네에 다다르자 주민들이 저마다 무언가를 들고 혹은 끌고 공원으로 모여들고 있었다. 웬일인가 싶어 두리번거렸으나 현수막이나 행사 안내판은 어디에도 없었다. 잔디밭에 적당한 간격으로 가족끼리 이웃끼리 삼삼오오 간이 탁자를 펴고 캠핑용 의자가 놓이더니 커피와 빵, 과일, 주스, 케이크 등 가져온 먹거리들로 즉석 파티를 연다. 바로 '캐나다 데이 동네 잔치'였다.

공공기관에서 주최한 게 아니므로 특별한 형식은 없었지만 백발의 노병이 들려준 캐나다 독립 이야기는 분위기를 숙연케 했다. 교회 성가대에서 축하 노래를 부르기도 하고 어린이들의 오카리나와 주니어들의 탬버린 재롱 및 하이스쿨 일곱 또래의 바이올린 연주 '축배의 노래'도 제법이었다. 피날레를 장식한 'O Canada' 국가(歌) 합창 땐 모두가 자리에서 일어나 국기를 향해 예를 표했다. 나라 생일을 맞아 뜻있는 이웃사랑으로 자선 바자를 위한 반짝세일까지 자연스럽게 진행하던 모습들이 설핏한 저녁노을보다 훨씬 더 아름답다.

칠십여 명 정도의 소규모에 마이크와 술(酒)도 없었지만 분위기는 매우 화기애애했으며 90분간의 시간이 오롯이 나라의 생일 축하 자리였다는 점과 휴지 하나 없이 깨끗했던 행사 후 뒷자리는 놀라움 그 자체였다.

 의자와 탁자는 개인의 것이니 되가져갔고 다과 또한 가정마다 정도껏 준비해 서로 나눈 것이었으며 일회용품이 없었으므로 쓰레기가 발생할 이유는 애초에 없었다. 거창하지 않았지만 알찼고, 조용한 가운데 영혼이 있었으며, 남다른 이웃들이 하나를 이루던 모습들, 오래도록 기억에 남을 것 같은 Happy CANADA Day 152였다.

타산지석(他山之石)

　　70여 년 전 태평양 너머 동북아시아 변방 한반도에서 한국 전쟁이 있었고 그때 캐나다는 미국과 영국 다음으로 많은 군인이 참전했었다. 급박했던 당시 생사를 무릅쓰고 남의 나라 전쟁터로 달려간 자국의 용맹한 젊은이들을 기리기 위해 '한국전 참전 기념사업회(Korean War Commemorative Alliance)'가 주최한 '한국전 참전용사의 날' 행사가 7월 27일 캐나다 전역에서 있었다.

　　연방정부는 온타리오주 브램튼 전몰 장병 '위령의 벽'에서 마틴 상원의원의 주관으로 행사를 진행했고, 오타와, 토론토, 위니

펙, 벌링톤 등과 함께 밴쿠버도 버나비(Burnaby) 센트럴 파크에서 행사를 치렀다. 마이크 헐리 버나비 시장과 브리티시컬럼비아주(州) 의원은 물론 주(駐)밴쿠버 한국총영사관을 비롯한 정택운 한인회장 그리고 당시 16개 참전국 공관원까지 참여한 가운데 참전용사와 그 가족을 위로하며 엄숙히 거행되었다.

경과보고에 의하면 UN군으로 참전한 캐나다 군인은 총 26,291명으로 355고지, 가평, 187고지 전투에서 전사자 516명과 부상자 1,558명의 고귀한 희생이 있었고 7,570명은 1957년까지 한국에 남아 전후 사회질서와 의료봉사에 기여했다고 한다. 버나비시(市) 소방대원들이 참석자들의 점심을 위해 대형 앞치마까지 두르고 바비큐를 서빙하는 모습은 감동 그 자체였다.

아주 오래전 엄마 손에 이끌려 외갓집으로 피난 갔던 기억이 희미하다. 왜 난리가 났고 사람들이 왜 그리 많이 죽었는지 영문도 모르면서 국민(초등)학교에 입학했는데 불탄 교실 앞에 버려진 인민군 탱크는 너무나 무서웠다. 운동장 한쪽 느티나무 밑에서 "아아 잊으랴, 어찌 우리 그날을…" 노래하며 선생님으로부터 인천상륙작전이라든가 9·28 서울수복과 1·4 후퇴 같은 이야기를 들었고 노랑머리에 파란 눈의 서양 사람도 처음 보았다. 총성은

멎었지만 춥고 배고팠던 기억은 지금도 잊을 수가 없다. 그렇게 청소년기를 보내며 '휴전'이라는 말을 들어 보긴 했으나 송구하게도 심각하게 느껴본 적은 없었다. '6·25 사변'이 아니라 '한국전쟁'이라는 용어를 안 것도 한참 뒤였다.

한국전쟁 당시 전투 중 희생된 쌍방의 100만여 군인보다 훨씬 더 많은 250만여 명의 무고한 일반인들이 내용도 잘 모르는 이념 갈등에 휘말려 서로가 서로를 살육했던 동족상잔의 비극을 겪은 지 어언 70여 년. 휴전이라는 단어조차 무감각하게 잊힌 채 2018 동계올림픽을 계기로 남·북·미가 가까이 만나며 한반도 평화 공존의 화해 무드가 조성되는가 싶었으나 올해 들어 분위기가 냉랭해지면서 평화를 앞세운 이념 갈등이 편 가르기 병(病)으로까지 전이되는 현실이 우리를 슬프게 하고 있다.

황석영의 소설 〈손님〉에서 은유적으로 표현했듯이 남의 나라에서 온 이데올로기라는 '손님'이 누구인지도 모르면서 과거 어느 편에 섰는지를 두고 철천지원수처럼 상대를 청산(?)하려 든다면 이는 어리석음의 극치다. 왜냐하면 하늘은 둥글고 세상은 돌고 도는 게 삶의 이치(理致)이며 관용과 포용만이 역사의 승자였음을 우리는 잘 알고 있기 때문이다.

지구촌 변방의 한국전쟁이었지만 인간의 자유와 민주주의 수호를 위해 연합군으로 뭉친 미·영·불, 태국, 필리핀, 호주, 뉴질랜드, 네덜란드, 벨기에, 그리스, 터키, 콜롬비아, 남아공, 에티오피아 등 전 세계 16개국의 UN군과 더불어 전화(戰禍)의 고통을 어루만져준 68개 자유우방국에 고마움을 잊지 말아야 할 대한민국이다.

전쟁 당사국은 정작 말이 없는데 남의 나라 캐나다는 2013년 한국전 참전용사 예우를 위한 국가기념일 법률안(S-123)을 상·하원 만장일치로 통과시켜 공산주의와 맞서 싸운 장병들의 용기와 희생정신을 추모하고 있다. 아니 왜 하필 그 기념일을 6·25 골육상쟁의 총질이 멈춘 휴전협정일(7·27)을 택하여 정했을까? 오늘 이 시각 대한민국은 어디에 있으며 나는 누구일까? 타산지석(他山之石)이 아닐 수 없다.

골프가 뭐길래

　모처럼 필드에 나갔다. 걷기 운동은 물론 넓은 잔디밭이 가슴을 활짝 열어주는 것 같아 좋아서다. 오늘은 특별히 한 수 가르쳐 주겠다는 아들 내외를 따라나섰다.
　힘껏 공을 날리고 "굿 샷!"을 외쳤지만 하늘로 솟은 공은 내 의지와 달리 자주 엉뚱한 곳으로 날아갔고 그래서 공을 찾아 헤매는 경우가 많았다. 지도하는 것만으로도 힘들 텐데 일일이 공까지 챙겨 줘야 하는 상황들이 'I am sorry'다.
　그런 모습이 내 처지임에도 아내 차례가 되면 한마디씩 거들기 일쑤다. 내 나름의 친절이건만 고마워하기는커녕 썰렁한 분위기를 넘어 아내의 표정은 외려 마땅치 않은 눈치다. 얼른 카트를 타자거나 조금 쉬었다 가자고 해보지만 소용이 없다.

집에서 불과 20~30여 분 거리에 컨트리클럽이 둘이나 있고 비용도 C$20불(약 2만 원)이며 주중에는 예약 없이도 라운딩을 할 수 있으니 서울로 치면 볼링장이나 테니스코트에 가는 정도라고나 할까? 골프에 대한 인식과 환경에 요금까지 우리와 달라도 너무 다른 게 처음에는 신기하기까지 했다. 우여곡절 끝에 마지막 꿈의 그린 9번 홀 퍼팅 존에 섰다. 마치 US오픈 골프 결승 라인에 입성한 개선장군처럼!

퍼팅 존에서는 너나없이 시간들을 많이 끈다. 웬만하면 한두 타(打)로 끝내고 싶지만 공은 홀을 비껴가기도 하고 가다 서기를 하며 내 뜻과는 영 다르게 굴러간다. 겨우 서너 발자국 짧은 거리인데 술술 좀 들어가 주면 얼마나 좋을까마는 결코 그런 일은 없다. 그러나 아내는 달랐다. 아니 그의 퍼팅 자세는 너무나 신중하여 답답하기까지 하다. 기다리다 못해 한마디 또 건네 보았으나 미동도 하지 않던 아내가 겨우 입을 연다.

"그린(Green)을 읽어야죠."

"………"

TV에서 가끔 보았던 유명 골퍼들의 그린 읽던 모습이 스친다. 융단을 깔아 놓은 듯 결 고운 잔디이지만 막상 올라서면 멀리서 보기와는 사뭇 다르다. 마치 서로 부대끼며 미운 정 고운 정을 엮어 가며 사는 우리네 이웃들의 순탄치 않은 삶의 내면과 비슷하다고나 할까? 게다가 있는 듯 없는 듯 경사면이 숨겨진 곳에서는 더욱 마땅치 않다.

등산을 하다 보면 정상 직전에 꼭 난코스를 만나 땀을 더 흘리듯 골프도 마지막에 애를 태운다. 그러므로 공이 홀 컵 가까이에 붙었다 하여도 방심은 금물이다. 그래서 세계 최고의 선수들조차 그린을 살피고 읽느라 전후좌우에서 그렇게도 신중을 기했던가 보다. 108mm의 홀(hole)을 향해 108 번뇌라도 삭이려는 것일까? 작년 여름에 잠시 귀국했던 녀석이 한사코 동네 인도어골프연습장에 나가 스윙 감각이라도 계속 익히기를 권했던 이유를 이제야 조금 알 것 같다.

컨트리클럽마다 모든 그린이 다르듯 사람의 마음과 행동도 그러할 텐데 부부만은 서로 같을 것이라는 선입견과 착각(?) 속에서 너무 가벼이 살아온 건 아닌지 자꾸만 뒤를 돌아보게 한다. 생각하면 아내와는 단지 부부의 연(緣)을 맺었을 뿐 태어나고 자람은 물론, 어느 것 하나 같은 게 없지 않은가.

필드에서도 아내는 내가 생각하는 방향과는 달리 샷(Shot)을 날렸고 간간이 건넨 한마디는 오히려 잠시의 불편을 자초했을 뿐이다. 도와주려 했던 내 마음과는 달리 아내는 간섭이라 여기며 볼이 메었을지도 모른다고 생각하니 그 속내인들 오죽했으랴 싶다.

그린에서는 잔디의 결을 잘 읽는 게 우선이듯 우리네 삶에선 마음의 그린을 잘 챙겨볼 일이다. 형제나 아이들의 마음결은 어느 방향이며 친구와 이웃의 그린은 경사면이 어떤 상태일까? 등… 나름대로 열심히 살아왔건만 그동안 나만의 벙커(Bunker)에서 주위를 힘들게 하지는 않았는지 아쉬움이 남는다.

언젠가 노(老)스님께서 법문(文)을 설(說)하시며 '하늘 아래 모든 인연(緣)은 무량(量)의 귀(貴)한 만남이며 업(業)이 아니더냐?'고 반문하시던 말씀이 떠오른다. 꽤 오래전에 들었던 말씀인데 오늘따라 그 말씀이 왜 이리 새록새록 새롭기만 할까?

비전 퀘스트

　지난여름 나나이모(Nanaimo) 원주민 마을 봉사활동에 이어 샐몬암(Salmon Arm)에 다녀왔다. 팔뚝(Arm)만 한 연어(Salmon)가 많이 사는 곳이어서 붙여진 지명이라고 한다. 과연 원주민 냄새 물씬한 순박·단순한 동네 이름이 많은 걸 시사하고 있었다.

　백여 년 전까지만 해도 이 마을에서는 '원생지 의식'을 치렀다고 한다. 원생지(原生地)란 사람의 흔적이 없는 원시의 자연을 말하며 의식이란 그 숲속으로 아무런 준비 없이 혼자 들어가 이레(7일) 동안 알아서 먹고 자야 하며 두려움과 배고픔, 고독과 그리움은 물론 짐승으로부터의 공포와 위험조차 이겨낸 다음, 보다 담대하고 어른스러운 모습으로 무사히 돌아와야 비로소 성년으로 인정받는 의식이었다고 한다. 그 현장을 함께 걸으며 그들의 옛이야기를 들어본다는 건 꿈 같은 현실이었다.

숲속은 낮인데도 어둠침침하고 적막했다. 어디선가 금방 곰이라도 어슬렁거리며 나타날 것 같았던 순간, 제풀에 놀란 사슴이 뛰는 바람에 숨이 멎는 줄 알았다. 이들도 애초에는 다른 동물과 같이 들과 산을 쏘다니며 살았고 그때 짐승과 추위로부터 보호받을 수 있는 안식처는 오로지 '숲'이었다고 한다. 그랬던 그들의 조상이 더 많은 식량을 얻기 위해 안식처였던 숲을 베기 시작했다며 부끄러운 과거였다고 고백할 때는 목이 메는 듯했다.
  그리고 그 후, 현대인들은 문명과 개발이라는 미명하에 숲과 자연을 돈으로 계산하면서 마구잡이 벌목을 시작했으며 아마존 밀림의 경우는 48%가 이미 잘려 나갔다고 한다.

인류가 경제성장으로 잘살게 됐다는 것은 국민소득이 높아지고 좋은 자동차를 굴리며 맘껏 호사를 누리는 것인 줄 알았다. 하지만 그 이면에서는 인간을 향해 불어 닥치고 있는 폭풍, 폭우,

폭설, 혹서, 혹한, 해일, 가뭄, 지진 등 기후변화로 인해 지구 생태계에 적(赤)신호가 켜지고 말았다. 그뿐만이 아니다. 공해와 미세먼지에 산성비를 맞아야 하고 물조차 함부로 마실 수 없는 환경에는 황(黃)색 등이 깜박이고 있다. 그래서일까 인디언들의 이야기 가운데 "문명 앞엔 숲이 있고, 문명 뒤엔 사막이 있다"라는 알쏭달쏭한 말이 자꾸만 귀를 거스르며 꼬리를 문다. 인간이 진정으로 잘산다는 것은 공해 없는 자연에서 삶의 질에 건강과 행복의 녹(綠)색 등이 환하게 켜질 때 가능할 것이다.

지구촌 어디를 가도 빨간(赤)색은 위험하다는 신호이고 노란(黃)색은 조심하라는 경고 표시다. 그런가 하면 파란(靑)색은 긍정적인 의미이고 녹(綠)색은 편안함과 안정감을 상징하고 있다. 이는 현대인의 키워드이기도 하다. 그런데 인간이 추구하고 있는 편안하고 안정된 상태의 색깔이 왜 하필이면 녹색일까. 아마도 그것은 숲이 녹색이기 때문에 자연의 의미가 자연스럽게 전달된 게 아닌가 싶다. 왜냐하면 숲에 들거나 나무를 바라보고 있으면 사람들은 편안한 마음과 안정된 느낌을 얻기 때문이다.

인류 문명의 발생지가 모두 강(江)가였다는 사실과 그 강을 만들고 흐르도록 유지한 것이 또한 숲이었다는 걸 생각하면 샐몬암도 그에 못잖은 곳이었다. 거기서 현대인들에게 원생지 체험을 할 수 있도록 프로그램 "비전 퀘스트(Vision Quest)"가 운영되고 있다는 건 결코 우연일 리가 없다. 비전 퀘스트는 현대문명으로 중독된 심신의 찌든 때를 자연으로 씻어 내고 인간 본연의 자기 자신을 찾아보자는 '순수자연 회귀운동'이라고 한다.

그런데 올해 프로그램은 이미 종료됐으니 내년 시즌을 예약하겠느냐고 물으며 원할 경우 본인이 직접 신청을 해야 한다고 한다. "내년에 꼭 오고 싶다"고 했더니 그러면 "한국으로 돌아갈 수 없을지도 모른다"라는 항목에 서명한다면 환영하겠다고 한다. "이 사람들 농담도 잘하네" 싶었지만 서류상 필히 본인의 자필서명을 요구하고 있어 "이를 어쩌나?" 서성이다가 그냥 돌아서고 말았다. 아무래도 서울 가서 가족회의를 열어봐야 할 것 같은데, 그것참, 참, 참…이다.

밥과 술

　밥(飯)이 생존을 위한 필수라면 술(酒)은 애주가들에게 힘의 원천이나 다름없는 기호품이다. 돌아보면 밥과 술은 인류와 함께 해온 먹거리 제1순위임에 틀림이 없다. 하지만 밥에 대해서는 별다른 말이 없으나 유달리 술만은 이러쿵저러쿵 말도 많고 탈도 많다. 오죽하면 술은 잘 마시면 약(藥)이 되고 지나치면 독(毒)이 된다고 하지 않던가?

　삶의 영원한 동반자인 밥과 술에 대하여 캐나다는 철저하게 구분 짓고 있는 나라다. 식품의 경우 기본적인 먹거리는 가격도

저렴한 데다 부가세 면제 등 온갖 편의와 혜택을 주고 있다.

그러나 술만은 가격도 비쌀 뿐만 아니라 규제가 심하여 마트나 슈퍼 또는 백화점 등 어디를 가도 술을 팔지 않는다. 그 대신 별도로 지정된 곳(LCBO)과 술 판매소(Liquor store)에서만 술을 살 수 있다. 그곳 관리인은 미성년자 또는 너무 자주 사거나 일시적으로 다량을 구매하는 사람에게는 경고와 함께 술 판매를 거부할 권리도 갖고 있다. 그조차도 평일에는 오후 7시까지만 술을 판매하고 일요일과 공휴일에는 문을 닫는다. 따라서 매주 금요일 오후가 되면 주말을 대비하여 미리 술을 사려는 사람들로 크게 붐빈다.

그리고 캐나다의 레스토랑이나 바(Bar) 혹은 호프집(Pub)도 'LLBO' 라는 표시가 있는 곳에서만 술을 마실 수 있다. LLBO란, 술손님을 받아도 좋다는 허가 표시다. 단 영업시간은 오후 3시부터 새벽 2시까지이고 음주는 실내, 흡연은 실외에서만 가능한 조건으로 주(州) 정부의 심사를 거쳐 허가를 받은 곳이다. 특별한 예외조항이 없는 한 공원 등 야외에서의 음주는 불법이다.

그래서인지 지난밤 2차 3차를 하느라 필름이 끊어질 때까지 마셨다며 자신의 주량을 과시하기 좋아하는 한국인과는 달리 캐나다 사람들은 마신 술의 양을 줄여서 말하곤 하는 습성이 있다. 또 대부분 자신의 집(58%)이나 친구 집(16%)에서 주로 술을 마시는 편이고 클럽이나 바 혹은 라운지에서 마시는 경우는 드물다고 한다.

술집에서 술을 마시는 비율이 이처럼 낮은 걸 보면 술을 아무 곳에서나 마음대로 마실 수 없도록 규제하는 엄격함 때문이 아닌가 싶다. 캐나다 애주가들에게 "왜 맛도 멋도 없이 집에서 술을 마시느냐?"라고 물어보았더니, 때와 장소가 자유롭고 음주운전에 대한 부담까지 없는데 어찌 맛이 없겠느냐며 외려 반문한다.

오래전 우리나라 영화에서는 극 중 분위기를 담배 연기로 연출하는 게 다반사였다. 그런데 금연 운동이 확산되면서 요즘은 그런 연출을 술이 대신하는 것처럼 보인다. 안방극장인 TV 연속극에서조차 스토리의 희로애락이 교차할 때마다 꼬박꼬박 클럽이나 포장마차에서 술을 마시는 모습이 단골처럼 등장하고 있다. 그래서 한국의 술 문화가 도(度)를 넘지 않았느냐고들 야단이다. 그것도 알코올 도수가 센 술 소비량이 계속 급증하고 있다면서 이는 국민의 생활경제지표와도 관련이 깊다는 학계의 우려가 날로 목소리를 높이고 있다.

술 자체가 즐거움(?)이라는 애주가들에게는 엄격한 음주문화의 캐나다가 '사람 살 곳 못 되는 나라'일지도 모른다. 술을 사려면 지정된 매장을 찾아가야 하고 또 술을 구했다 하더라도 아무 데서나 마실 수 없기 때문이다. 만약 허용된 장소가 아닌 곳에서 술을 마시게 되면 그곳이 공원이든 식당이든 학교 캠퍼스이든 즉결로 넘겨져 벌금을 물어야 하고, 이에 불복하고 싶으면 수갑 찰 각오를 해야 한다.

그뿐만이 아니다. 만약 술이 남아 있는 술병이 뚜껑이 열린 채 차(車) 안에서 발견되면 음주를 했건 아니했건 상관없이 '음주운전 미수범'으로 즉결을 받아야 한다. 이렇듯 상상 이상의 규제를 가하는 이 나라의 술 문화가 바람직한지 아닌지는 단언키 어렵지만 좌우간 캐나다의 음주문화를 생각하면 우리나라의 술 문화와 달라도 너무 다른 게 마치 딴 세상인 것 같다. 밴쿠버에 사는 우리 동포들에게도 추석(秋夕) 명절이 낼 모래인데 보고픈 사람들과 가을 하늘 벗 삼아 한잔 술이 그립지 않을 리 없으련만 '이를 어찌나?' 걱정이 앞서고 있으니 나는 타고난 한국인인가 보다.

영주권과 시민권

　　　　영주권 하면 이민을 생각하던 시절이 있었다. 하지만 지금은 꼭 이민이 아니더라도 아이들 교육이라든가 취업 또는 취미활동 등 다양해졌다. 그중에는 "삶의 질"에 대한 고민이 깊어지면서 해외이주를 통해 그 답을 구해보려는 사람들이 점차 늘고 있다. 특히 캐나다에 대한 호감도가 높은 건 그런 이유가 아닌가 싶다. 이를 반증이라도 하듯 날이 갈수록 캐나다영주권을 얻기가 하늘의 별 따기만큼 어렵다고들 말하고 있다. 그럴수록 캐나다 정부는 더욱 까다로운 조건들을 제시하고 있는 것 또한 사실이다. 그중 비교적 손쉽게 생각되었던 투자이민의 경우 1인당 C$50만 불(약 5억 원)이었던 준비금이 최근 몇 년 사이 9~10배로 껑충 뛰었음에도 홍콩 부자들은 개의치 않고 있다는 소문이 고개를 갸우뚱하게 만든다.

캐나다는 이민자를 많이 받아들이는 선진국 중 하나다. 그래서 문호는 활짝 열려 있으나 카테고리별로 조건은 각양각색이다. 먼저 캐나다에서 1년 이상 일을 한 사람에게 기회를 주는 CEC(경험이민)가 그나마 접근이 쉬운 편이다. 둘째는 PNP(주 정부 이민)로, 각 주(州)에서 자치주 정부에 필요한 인력을 요구하고 있어 정보를 시시때때로 자세하게 살펴보아야 한다. 셋째는 연방정부가 요구하는 전문인력으로, 영어에 거리낌이 없는 전문가라면 그리 어렵지 않다는 FSW(전문인력 이민)가 있고, 넷째로 각종 자격증 소지자가 이민국 기준의 개인별 점수에 하자가 없을 때 가능한 FST(전문기술 이민) 등이 있다.

특히 해외 유학생(공립 컬리지 이상)이라면 졸업 후 PGWPP(Post Graduation Work Permit Program)이 가장 유리하다. 그 외에도 예체능을 위주로 하는 자영업 이민과 노인, 어린이, 장애인을 돌보는 케어 기버(Care giver) 이민도 있으며 최근 밴쿠버에서 발표한 식음

료 분야 취업 이민의 경우는 필요 인원이 확보되면 바로 마감되므로 그때그때 예의 주시해야 기회를 얻을 수 있다. 이처럼 인력 수급에 따라 연간 계획 말고도 때때로 필요한 카테고리를 만들기 때문에 언제나 새로운 소식은 물론, 이미 알고 있는 옛 이민 정보라 하더라도 바뀐 내용이 없는지 늘 체크해야 한다.

그렇게 어렵사리 관문을 통과하면 이민국의 인터뷰를 거쳐 영주권을 얻는다. 영주권이란 학생비자나 취업비자처럼 임시로 머무는 게 아니라 이 나라에서 영구적으로 살 수 있는 신분을 말한다. 그렇다고 아직 캐나다 국적을 취득한 건 아니므로 선거에 나서거나 공무원이 될 수는 없다. 영주권 취득 후 5년 이내에 의무적으로 730일 이상을 캐나다에서 거주한 다음 이를 바탕으로 소정의 테스트와 인터뷰를 통과하면 그때 비로소 국적도 얻고 선거권과 피선거권까지 모두를 갖춘 온전한 캐나다인이 된다.

PR 카드는 캐나다 영주권자임을 증명하는 카드이다. 5년 만기 후 유효기한 연장이나 시민권 신청을 하기 위해서는 그간의 거주지 변경, 취업, 학력, 소득 실적 해외여행 기록 등을 명기하도록 되어있으므로 모든 변동사항을 꼼꼼히 기록해 두는 게 좋다. 재신청 시 소요되는 기간이 보통 3~6개월까지도 걸릴 수 있으니 미리미리 서두르는 것이 정답이다.

언제 어떤 일이든 이들은 결코 서두르는 법이 없다. 법과 원칙에 따른 공무 처리와 새치기나 '적당히'가 없는 상식이 편하고 당연한 줄 알면서도 '빨리빨리'에 젖어 살아온 한국인에게는 오나가나 참고 기다린다는 게 견뎌내기 힘든 대목 중 하나다.

심지어 위급 상황의 응급실을 제외한, 진찰 처방 치료 등 전문의를 찾아 병원에 가야 할 환자조차도 캐나다인들은 두세 달씩 묵묵히 기다리면서 스스로 병을 이겨내기 위해 열심히 걷고 뛰고 있으니 할 말이 없다. 이가 아픈 M씨는 참다못해 비행기를 타고 서울 명동의 치과에 다녀왔는데, 이는 내가 잘 아는 분의 실화다. 이민절차부터 영주권의 연장이나 교육, 취업, 보건, 의료, 노후 설계 등 일상(日常)을 통틀어 이곳에서 "저녁이 있는 삶"을 찾아 맘 편히 살고 싶다면 매사, 만사에 'Step by Step'이 먼저다.

미타쿠예 오야신

　　천천히 걸어도 20분 거리인 동네 뒷산 그라우스 마운틴 (1231m)에 들면 어쩌다 고라니와 사슴 가족을 만나기도 하지만 서로 다른 길을 서두를 뿐 아랑곳없다. 영화 '쥐라기 공원'을 닮은 그곳에 곤충이랑 새들도 함께 살고 있다.

　　동식물이 서로에게 먹이가 되면서까지 숲의 공생이 어떻게 이루어지는지 그 속내를 알 수는 없지만 어떻게 살아야 하는지는 자기 스스로 잘 아는 것 같다. 여럿이 함께 있는 나뭇가지는 위로 뻗고 공간이 넉넉한 녀석은 사방으로 마음껏 펼친다. 숲속의 모든 생명들은 주변의 여건에 순응할 뿐 자연생태에 결코 거스름이 없다.

캐나다 서부의 대동맥 로키 마운틴을 찾았다. 그곳은 대부분이 빙하기 지각변동으로 솟아오른 암(岩)봉들이다. 오랫동안 풍화작용으로 표면이 양질의 흙으로 변해 생명을 보듬기까지 유구한 세월 동안 수많은 미생물이 무릇 생명체의 에너지원으로 오늘의 숲을 이루었으니 자연의 위대함이 놀랍기만 하다. 그런 모습들을 있는 그대로 봐주고 있는 캐나다 사람들을 대하면 자연을 보호하고 관리한다 함부로 말했던 지난날들이 부끄럽다.

숲길은 언제나 풋풋하고 고즈넉하다. 잠자는 듯 조용하지만 쉴 새 없이 꿈틀대고 있다. 좁쌀이나 콩알만 한 종자가 싹이 트고 자라 수천수만 배 이상으로 몸집을 불리는 나무들을 보면 기적이란 게 저런 건가 싶지만 그것은 인간의 세월보다 숲 생(生)의 주기가 너무 길기 때문에 우리가 미처 느끼지 못할 뿐 결코 기적은 아니다.

돌아보면 우리나라에도 빼어난 숲이 많다. 그런 명산에 일부 지방자치단체들이 갖가지 명분으로 숙박·취사·위락시설을 지나치게 설치하여 오히려 산의 주인 행세를 하고 있는 모습은 안타까운 일면이다.

　오랜 세월 인간은 콘크리트가 아닌 흙을 밟으며 진화했고 발끝에서 전해지는 자연의 기(氣)로 생(生)을 이어왔다. 그러나 정보화시대를 살고 있는 지금, 너나없이 바쁜 현대인들이 건강을 위해서라도 짬짬이 짬을 내어 부지런히 숲과 벗하며 활력을 북돋울 일이다. 그냥 바라만 보고 있어도 머리가 맑아지고 절로 힘이 솟는 게 숲의 마력이 아니던가?
　캐나다 원주민들은 나무를 함부로 베면 하늘이 노한다고 하여 숲을 성(聖)소로 여겼으며 그런 나무를 통해 하늘이 인간에게 복을 내려준다고 믿었기에 숲을 배경 삼아 Totem Pole(장승)을 세우고 먹거리가 풍성하기를 기원했으며 공동체와 가족이 무사하기를 빌었다는데 어릴 적 할아버지께서 들려주셨던 우리네 옛날이야기와 어쩌면 그리도 닮았는지 알다가도 모를 일이다.

　인디언 마을 촌장님은 천하장사의 풍채에 동양인의 얼굴을 닮아 있었다. 그의 첫마디는 "하늘 아래 나무나 새나 사람이나 무엇이 다르냐"였고 "너와 나는 모두가 한 가족이며 우주 만물도 근본은 하나의 고리로 연결된 공동체"라면서 "숲이 사라지면 새들이 떠나가고 새가 사라진 곳에서는 사람도 살 수 없다"라고도 했다. 열 번을 귀담아들어도 또 듣고 싶은 이야기다.

정들자 이별이라는 말이 가슴 저리도록 정스러웠던 체험 삶의 현장 2박 3일을 마무리하며 감사한 마음으로 "하이츠카(Thank You)" 했더니, 그들 또한 우리말을 더듬거리며 "앙~니~옹~(안녕)" 한다. 그러고는 두 손을 합장하며 "미타쿠예 오야신~" 한마디를 덧붙인다. 이들이 언제 어디서나 만나기만 하면 서로 먼저 습관처럼 입에 달고 사는 전통 인사말임을 엊그제 배웠는데 깜박 잊었던 것이다. 그 뜻이 '우리는 다 같은 형제'라고 했다. "미타쿠예 오야신~" 우리도 그렇게 답해주었다.

내 생애 최고의 날

　손자 받으러 간다며 아내가 두어 달씩 집을 비운 게 엊그제 같은데 그때 밴쿠버에서 태어난 아이가 어느새 노스밴쿠버 하이스쿨 11학년(우리나라의 고2)이 되었고 RMC(사관학교) 진학을 꿈꾸며 생도 지망생 특별연수를 떠났다. 그리고 4주 후 뜻밖의 소식이 날아들었다. 6주 훈련 수료식 전야제에 국악 한판을 연주해달라는 부탁이었다.

　그동안 녀석을 데리고 한국사(史)를 이야기하면서 틈틈이 민요와 북 장구도 가르쳐 주었다. 캐나다 태생임에도 잘 따라 주는 게 신통하여 너무 열심히 한 게 탈이었을까, 이웃에 사는 닥터 윌리엄으로부터 조용히 해달라는 말을 듣기도 했다. 그렇게 배운 아리랑과 함께 설장구 62가락을 할아버지 모시고 380명 예비생도 앞에서 그날 발표하기로 약속했으니 꼭 와달라는 간청이었다.

녀석이 머물고 있는 빅토리아 RMC 트레이닝캠프는 태평양 연안의 아름다운 해안가였다. 거기 세계의 청소년들 가운데 손주 녀석이 함께하고 있다는 사실만으로도 이렇게 가슴이 뿌듯할 수가 없다. 훈련대장은 캐나다인이었지만 참가자들은 유럽계, 아시아계, 라틴계 등 다양했다. 더욱더 놀라운 것은 RMC 진학을 원하는 청소년이라면 주니어에서 하이스쿨에 이르기까지 학기 중에는 주말에 카덱(Cadet)을, 방학 때는 특별연수에 참가하여 스스로 중간적성평가를 받고 있다는 사실이었다. 단 한 번의 예비고사가 대학 진학에 막대한 영향을 미치고 있는 한국의 대학입시 현실과 달라도 너무 다른 모습이 놀랍기만 했다.

실내체육관은 어수선했다. 시끄럽고 질서도 없어 보였다. 그러나 행사 시작을 알리자 전혀 달랐다. 90분 동안의 레크리에이션을 겸한 수료식 전야제 갈라 파티는 마치 지구촌 축제인 양 다양했다. 노래와 춤, 악기 연주에 팬터마임까지 저마다의 젊음과 끼를 아낌없이 뿜어내는 모습들이 싱그럽고 풋풋하다.

드디어 우리 차례가 왔다. 옷 주름이 빳빳한 제복의 손자와 개량한복 차림의 할아버지가 장구와 북을 들고 입장하자 장내가 갑자기 조용해졌다. 내가 한국어로 인사를 하자 손자가 그것을 통역하였고, 한국 민속예술을 가르쳐준 스승이 곧 할아버지라 소개한 다음 '설장구' 연주에 이어 '아리랑'으로 마무리하였다. 관중이 박수와 함께 "KOREA"를 연호하며 엄지 척을 날려줄 때는 목이 메기도 했다. "Thank You" 대신 "감사합니다"라는 우리말로 답해주었다.

역시 중국계의 위력은 대단했다. 참가자도 많았다. 그에 비하여 모국어를 모르거나 모국어가 아예 없어진 나라에서 이민 온 학생들은 영어에만 의존하고 있었다. 물론 영어만 잘하면 문제야 없겠지만 모국어(母國語)를 말할 수 없다면 그것 또한 은연중 마이너스 요인으로 작용하겠구나 싶은 생각이 들었다. 그러고 보니 인사말에서 내게 한국을 소개하라 해놓고 통역을 한 다음 '이 모든 가르침이 바로 우리 할아버지에게서 왔다'고 공(功)을 넘겨 추켜세울 줄도 알다니, 철든 손자 녀석이 대견하고 기특했다.

우리 학창 시절엔 문(文)과는 영어, 이(理)과는 독어, 예(藝)과는 불어가 대세였고 선택과목이라야 스페인어와 라틴어 정도였다. 당시 교환교수 한 분은 논문을 모국어 대신 영어로 프린트한 것에 대하여 몹시 아쉬워했던 기억이 새삼스럽다. 문화와 언어를 생각하면 스위스 여행에서 느꼈던 감회를 잊을 수가 없다. 스위스 하면 선진국이지만 자국의 언어와 문자가 없기 때문에 과거 독일 문화권에서 신음하다 프랑스 문화권으로 바뀌었고 지금은 영어 문화권에 속해있다 할 것이다.

 아시아권이라고 다를 바가 없다. 대만 사람들도 자기들만의 언어가 있었으나 문자로 계승하지 못하여 오늘날 중국 문화권에 속한 반면, 긴 역사의 소용돌이 속에서 언어도 문자도 다 빼앗겼던 몽골이 지금, 잃어버린 제국의 전통문화를 되살리기 위해 절치부심 애쓰고 있는 모습이 울란바토르에서 느꼈던 그들의 간절함이었다.

 동물은 감정을 소리로 표출하고 있지만 개념을 갖춘 언어는 없다. 하지만 인간은 생각을 전달하는 말과 글을 갖고 있다. 다양한 인종만큼이나 언어의 종류도 다양했으나 지금은 많이 소멸했고 앞으로 더 빨리 사라질 것이라고 한다. 매스미디어의 발달이

원인이기도 하지만 강대국들의 무한팽창이 더 큰 요인으로 점쳐지고 있다. 만약 우리에게 한글과 우리말이 없었더라면 어찌 되었을까? 상상하기조차 끔찍스러운 가정이다. 거친 역사의 질곡에도 굳건히 버텨온 우리의 소중하고 값진 말과 글과 문화예술이 오늘따라 이렇게 고마울 데가 없다.

그 우리말을 영어 하듯, 영어를 우리말 하듯 손색없이 구사하는 손자와 함께 RMC 서머 트레이닝 6주 수료식 전야제 갈라 파티에서 최고 인기상(賞)이 주어지던 순간 하마터면 만세를 부를 뻔했다. 녀석의 장구 솜씨도 이색적이었지만 우리 민요 '아리랑'을 향한 장내의 반응에 뜨거운 전율을 느끼며 손주의 손을 번쩍 들고 "감사합니다, 여러분!"을 아마 세 번은 외친 것 같다.

얼굴빛이 다양한 청소년들이 몰려와 어눌한 우리말로 "캄싸~ 캄싸~ 하라부찌, 원더풀"을 더듬거리며 셀카를 찍겠다고 들이댈 때는 내 생애 최고의 순간이 이런 건가 싶어, 마치 올림픽 금메달리스트가 시상대의 가장 높은 자리에 오른 듯 벅찬 감동이었다. 녀석이 고맙고, 온 가족이 기쁘고, 범사에 감사할 뿐 더 바랄 게 없다.

미타쿠예
오야신
우리는 다 같은 형제

1판 1쇄 발행 2020년 3월 6일

지은이 강인철
펴낸이 김재선

편　집 심영지
디자인 조신정
펴낸곳 예솔
주소 서울시 마포구 양화로 6길 9-24 동우빌딩 4층
전화 02-3142-1663(영업), 335-1662(편집)　**팩스** 02-335-1643
출판등록 제2002-000080호(2002.3.21)
홈페이지 www.yesolpress.com　**E-mail** yesolpress@naver.com

ISBN 978-89-5916-820-0　　03040
* 책값은 뒤표지에 표시되어 있습니다.